Guia para a Obra Completa de C.G. Jung

Dados Internacionais de Catalogação na Publicação (CIP)
(Câmara Brasileira do Livro, SP, Brasil)

Hopcke, Robert H.
  Guia para a Obra Completa de C.G. Jung /
Robert H, Hopke ; tradução de Edgar Orth e
Reinaldo Orth. 3. ed. – Petrópolis, RJ : Vozes, 2012.
  Título original : A guided tour of the CollectedWorks of C.G. Jung
  Bibliografia.

  9ª reimpressão, 2024.

  ISBN 978-85-326-2445-1

  1. Jung, Carl Gustav , 1875-1961 2. Psicanálise I. Título.

10-09739   CDD-150.195

Índices para catálogo sistemático:
1. Psicanálise : Psicologia   150.195

Robert H. Hopcke

Guia para a Obra Completa de C.G. Jung

Tradução de Edgar Orth e Reinaldo Orth

EDITORA VOZES

Petrópolis

© 1989, 1999, by Robert H. Hopcke
Publicado por intermédio de Shambhala Publications Inc.

Tradução do original em inglês intitulado *A Guided Tour of the
Collected Works of C.G. Jung*

Direitos de publicação em língua portuguesa – Brasil
2011, Editora Vozes Ltda.
Rua Frei Luís, 100
25689-900 Petrópolis, RJ
www.vozes.com.br
Brasil

Todos os direitos reservados. Nenhuma parte desta obra poderá ser reproduzida
ou transmitida por qualquer forma e/ou quaisquer meios (eletrônico ou mecânico,
incluindo fotocópia e gravação) ou arquivada em qualquer sistema ou banco de
dados sem permissão escrita da editora.

CONSELHO EDITORIAL

Diretor
Volney J. Berkenbrock

Editores
Aline dos Santos Carneiro
Edrian Josué Pasini
Marilac Loraine Oleniki
Welder Lancieri Marchini

Conselheiros
Elói Dionísio Piva
Francisco Morás
Gilberto Gonçalves Garcia
Ludovico Garmus
Teobaldo Heidemann

Secretário executivo
Leonardo A.R.T. dos Santos

PRODUÇÃO EDITORIAL

Aline L.R. de Barros
Marcelo Telles
Mirela de Oliveira
Otaviano M. Cunha
Rafael de Oliveira
Samuel Rezende
Vanessa Luz
Verônica M. Guedes

Conselho de projetos editoriais
Isabelle Theodora R.S. Martins
Luísa Ramos M. Lorenzi
Natália França
Priscilla A.F. Alves

Editoração: Leonardo A.R.T. dos Santos
Diagramação: AG.SR Desenv. Gráfico
Capa: 2 estúdio gráfico

ISBN 978-85-326-2445-1 (Brasil)
ISBN 1-57062-405-4 (Estados Unidos)

Este livro foi composto e impresso pela Editora Vozes Ltda.

Sumário

Agradecimentos, 9

Introdução, 11

Parte I – Os caminhos e meios da psique, 21

1. Os arquétipos e o inconsciente coletivo, 23

2. Complexo, 28

3. Libido, 31

4. Sonhos e interpretação dos sonhos, 35

5. Símbolo, 40

6. Imaginação ativa, 45

7. Psique/alma, 48

8. Espírito, 53

9. Eros e Logos/masculino e feminino, 56

10. Tipos psicológicos, 62

11. Psicoterapia, 67

12. Transferência/contratransferência, 71

13. Individuação, 75

14. Religião, 79

15. Sincronicidade, 85

Parte II – Figuras arquetípicas, 89

16. Eu, 91

17. Sombra, 95

18. *Persona*, 100

19. *Anima/animus*, 104

20. Si-mesmo, 110

21. Mãe, 115

22. Pai, 120

23. *Puer*/Criança Divina, 124

24. *Core*/Donzela, 127

25. Herói, 130

26. Velho Sábio, 135

27. *Trickster*, 139

28. *Coniunctio*, 142

Parte III – Tópicos de interesse especial, 147

29. Freud e a psicanálise, 149

30. Esquizofrenia, 155

31. Desenvolvimento da criança e psicologia, 159

32. Amor e casamento, 163

33. Fenômenos ocultos, 167

34. Ovni, 171

35. Arte moderna e crítica de arte, 174

Parte IV – Assuntos esotéricos, 179

Introdução, 181

36. Jung e a alquimia, 183

37. "Psicologia e alquimia", 190

38. *Mysterium Coniunctionis*, 194

39. "Estudos alquímicos", 198

40. "Aion", 202

Referências – Obra Completa de C.G. Jung, 207

Agradecimentos

A ideia de escrever um livro pode ser de um autor, mas o trabalho de transformá-lo em realidade não pode ser feito sem grande ajuda e apoio. Devo muita gratidão à mulher que me estimulou a ler Jung e não poupou esforços para capacitar-me a fazê-lo: Dorlesa Barmettler-Ewing, da California State University, Hayward; sob sua orientação suíça, começou meu conhecimento da *Obra Completa* que se aprofundou com o passar dos anos. Também devo muita gratidão às pessoas do C.G. Jung Institute of San Francisco que me deram uma mão de grande valia: Scott Wirth, Karin Carrington, Rita Cahn, Carol Tuttle, John Beebe e Raymond Kilduff; todos contribuíram direta e indiretamente para eu ser capaz de dar forma ao que era sem forma. Reconhecimento devo a Joan Alpert, a bibliotecária do Jung Institute, e às atendentes da biblioteca por seu inestimável interesse, apoio e estímulo durante o período da pesquisa. Os membros do Analytical Psychology Club of Berkeley, especialmente Celia Correa e Daniel DeYoung, me ajudaram a entender Jung mais claramente e de um modo mais imediato, por meio da possibilidade de partilharmos uns com os outros nossa própria vida interior durante muitas discussões. Manifesto muita gratidão e afeto ao pessoal da Shambhala Publications, pois sem eles este livro não teria acontecido: Kimn Nielson, Jonathan Green e Emily Hilburn Sell, todos participaram do parto deste livro. Finalmente agradeço àqueles com os quais partilho minha vida, por me suportarem e propiciarem um lugar de descanso, relaxamento e distração em meio ao trabalho às vezes estafante que este livro exigiu: Gery Short e Roseann Alexander, Mark Castillo e Jennifer Diaz, Dan Fee, Jill Johnson e, com muito amor, Paul Schwartz.

Introdução

Este livro foi escrito como resposta a muitos incentivos, alguns pessoais, outros de cunho coletivo. No plano pessoal, eu me vi desempenhando certo número de papéis como psicoterapeuta praticante: curador, professor, supervisor, mentor, escritor, leitor, paciente de análise e analista de outros. Em quase todos esses papéis, fui exposto ao que se pode chamar de um maremoto de interesse nos escritos de C.G. Jung. Meus clientes estão interessados nas ideias de Jung e acham desafiador e fomentador o trabalho de orientação junguiana do sonho. Meus alunos em oficinas e seminários querem saber mais sobre as teorias de Jung em assuntos não usualmente associados ao pensamento junguiano, tais como homossexualidade, narcisismo, relações objetais, teoria desenvolvimentista e terapia de grupo. Os psicoterapeutas que supervisiono me interrogam sobre o uso dos conceitos mais práticos de Jung em seu trabalho com seus clientes como, por exemplo, a teoria dos tipos psicológicos, o método de análise dos sonhos e a compreensão do nascimento espiritual.

Outros do ramo sabem do meu interesse por Jung por meio de minhas publicações e me pedem para esclarecer alguns de seus conceitos mais difíceis como sincronicidade, a natureza dos arquétipos, o Si-mesmo. Procurei ler o máximo possível, um volume cada vez maior de literatura sobre as ideias de Jung, e minhas leituras ajudaram nos meus escritos, quando descobri novas conexões no pensamento de Jung, filtrando seu pensamento por meio da minha experiência. Repetidas vezes encontro-me usando os conceitos de Jung para trazer sentido às minhas ações e interações com os outros, às minhas projeções de sombras, aos meus complexos e às minhas imagens arquetípicas sedutoras.

No plano coletivo, as razões pelas quais Jung e seus escritos se tornaram mais interessantes para um maior número de pessoas hoje do que antigamente estão abertas a conjeturas. Talvez a psicologia como um campo não esteja mais tão profundamente tomada pelo seu complexo de inferioridade enquanto ciência natural, e assim o campo não precisa mais dar provas de seu valor por meio de uma devoção escrava à racionalidade. O declínio da influência psicanalítica freudiana e a crescente aridez irrelevante da psicologia experimental parecem ser resultados paralelos de uma consciência de que a psicologia como ciência racional, como um corpo de conhecimento objetivo e imparcial, é um mito. A ameaça da extinção global, um dos resultados desse mito da racionalidade, pode ter forçado os seres humanos, em última análise, a uma reviravolta interior do intelecto, a uma procura penitencial da alma, a fim de entendermos a nós mesmos e encontrarmos a coragem e a esperança de que precisamos para sobreviver à nossa própria agressão. E não devemos esquecer o símbolo patente do milênio que impõe certa consciência difundida do que significa ser humano. Em uma tal conjuntura, Jung e sua obra sobre o sentido e o propósito dos mitos parece útil para encontrarmos o necessário caminho para diante, o *tertium non datur*, entre a psicanálise e o behaviorismo.

É certo que a maior parte do reavivamento de interesse pelos escritos de Jung deve-se aos analistas junguianos, sobretudo à geração agora afastada da pessoa de C.G. Jung, que começaram a lançar suas redes de observação sempre mais amplas. À medida que os analistas junguianos ganham distância da própria figura de Jung, talvez a panelinha do "círculo íntimo" junguiano tenha aberto espaço para a percepção da relevância de Jung para todos os indivíduos modernos, e não apenas para os "crentes" em Jung. E o resultado desse objetivo mais amplo na última década foi tornar "populares" Jung e o pensamento junguiano – resultando em livros de maior vendagem, séries de TV, oficinas e seminários de lotação esgotada, e conferências de pessoas internacionalmente famosas. Contudo, o sucesso comercial desses livros, *shows* e eventos tem um preço. Popularizado, o pensamento de Jung foi muitas vezes distorcido, suas ideias foram simplificadas e seus pontos de vista foram deturpados (às vezes com a lamentavelmente óbvia intenção de fomentar a controvérsia para aumentar as vendas). Várias das mais graves distorções que se ouvem por aí poderiam ser facilmente corrigidas se a própria pessoa lesse tão só, atenta e cuidadosamente, os próprios escritos de Jung, em vez de se apoiar em interpretações de Jung, feitas por pessoas tendenciosas em qualquer sentido.

Mas aqui surge uma dificuldade. Por exemplo, alguém, não necessariamente analista ou terapeuta, quer conhecer mais as ideias de Jung sobre os arquétipos do inconsciente coletivo. Onde procurar? Que artigos ler? Defronta-se com dezenas de volumes da *Obra Completa* de Jung, cuja perspectiva é assustadora. Que volume escolher? Que ensaio e em que volume? Ainda que o agrupamento de ensaios e os títulos dos volumes sejam úteis, ele corre o risco de se deparar com um artigo mais esotérico ou incompreensível dos escritos de Jung, que não escrevia com a intenção de compor um sistema teórico coerente. Encontrei muitas pessoas que não ousam enfrentar a *Obra Completa,* e outras tantas que acabam frustradas.

Uma solução conciliatória é ler algum tipo de panorama geral sobre os escritos de Jung, naturalmente antes de ler efetivamente o próprio Jung. Dessa forma, a pessoa leiga instruída deixa de lado os escritos de Jung e se dedica às exposições gerais da psicologia junguiana feitas por diversos analistas. O problema aqui não é que esses panoramas gerais sejam ruins, pelo contrário, são muito bons. De fato, minha experiência mostra que a clareza e auxílio dessas exposições gerais muitas vezes é tamanha, que muitas pessoas nunca mais dão o próximo passo lógico, isto é, ler escritos do próprio Jung. A pessoa tem a impressão de ter compreendido Jung, ainda que nunca tenha lido na íntegra nenhum dos escritos mais importantes de Jung.

Para uma pessoa leiga instruída ou para um cliente da terapia de orientação junguiana, não se exige uma visão acadêmica profunda dos escritos do próprio Jung. Muitos dos conceitos de Jung são perfeitamente compreensíveis e simples, nada esotéricos ou misteriosos, ainda que, com seu pendor tipicamente suíço para o aspecto prático, via as teorias como instrumentos, como auxílios para a compreensão. O verdadeiro problema não está em nunca ter lido Jung, em nunca haver tocado na *Obra Completa*, mas na maneira como alguém perde a experiência viva de ler um grande pensador da civilização ocidental do século XX. Este livro se propõe a corrigir esta perda.

A estranha ideia de que ler um volume da *Obra Completa* exige um esforço acadêmico inaudito e anos de estudo não é verdadeira. A ideia de que ler Jung é difícil, de que ele não escreve bem, ou de que seu alemão não é bem traduzível também não é verdadeira; o mesmo vale para a ideia de que os escritos de Jung são desorganizados, feitos a esmo, intuitivos, etc.

A verdade é que a maioria dos escritos, se não todos, são acessíveis ao leitor em geral, se ele tiver uma breve introdução aos conceitos usados por Jung, e se souber qual escrito ler primeiro e qual deixar para mais tarde. Por isso, a intenção deste livro é dar uma introdução organizada por temas à grande variedade dos conceitos teóricos de Jung e um conjunto planejado de leituras relativas a cada conceito em análise – na essência, um guia para a *Obra Completa*.

A metáfora do guia descreve bem o propósito deste livro, que pretende servir ao leitor do mesmo modo que um guia Michelin ou

Baedeker serve ao turista europeu: dar orientação suficiente e informação histórica para capacitar a pessoa a entender o que vê, a dirigir o olhar para cá e não para lá, e colocar nas mãos da pessoa uma ferramenta para conhecimento e experiência mais amplos. A pessoa usará proveitosamente este livro para ler com entendimento aquelas partes dos escritos de Jung que, por uma razão ou outra, despertam seu interesse ou atiçam sua curiosidade. Por outro lado, o leitor pode usar este livro como programa de estudo – pessoal, profissional ou acadêmico – para adquirir um bom conhecimento daquilo que Jung escreveu. Em ambos os casos, o propósito deste guia para a *Obra Completa* não é suplantar exposições já existentes da psicologia junguiana nem aumentar o suprimento de instrumentos de pesquisa já abundantes. Certamente, não é necessário ignorar ou relegar livros já escritos sobre as teorias de Jung. O propósito é antes ajudar pessoas interessadas a iniciarem-se nos escritos de Jung e, por meio desses escritos, perscrutar o coração e a alma do pensamento de Jung.

O formato deste guia está de acordo com seu objetivo, que é ajudar as pessoas a ler com atenção a *Obra Completa*. O livro divide-se em quatro partes – "Os caminhos e meios da psique", "Figuras arquetípicas", "Tópicos de interesse especial" e "Assuntos esotéricos" – que se baseiam nos diversos focos dos escritos de Jung. As duas primeiras partes, "Caminhos e meios" e Figuras arquetípicas", cobrem o que a maioria das pessoas considera o cerne da psicologia de Jung. A parte "Tópicos de interesse especial" refere-se a escritos na *Obra Completa* que não são considerados geralmente de primordial importância, mas que são interessantes e, às vezes, bem provocativos. A parte "Assuntos esotéricos" cobre os escritos sobre tópicos de interesse extremamente acadêmico ou com uma profundidade que o leitor comum não se sente particularmente inclinado a ler. Essas duas últimas categorias dos escritos de Jung são, contudo, importantes, pois mostram a vastidão do conhecimento de Jung, que vai muito além do âmbito do que a maioria das pessoas considera psicologia acadêmica.

Cada uma dessas seções é organizada por temas, e os temas são arranjados de tal forma que possam construir sobre o material coberto no tema anterior. A organização por temas do livro vem de minha experiência de que alguém raramente é levado aos escritos de Jung por meio de um desejo de conhecer Jung em toda a sua complexidade teórica. Mais frequentemente, percebi que uma ou duas ideias ressoam dentro da experiência de alguém e o levam a querer conhecer e ler mais. Para mim, o ímã que me atraiu para ler Jung foi sua concepção do sonho e da análise do sonho. Para outros, como eu soube, o ímã foram seus conceitos de sincronicidade, de inconsciente coletivo, de individuação, de *anima/animus* e, naturalmente, dos arquétipos.

Cada uma das seções tópicas começa com uma breve discussão teórica do conceito em questão, seguida de quatro categorias de leituras da *Obra Completa* ou sobre elas:

1) *Para começar*. São artigos ou escritos da *Obra Completa* mais fáceis de ler em primeiro lugar e que tratam o tema em questão mais extensamente.

2) *Para aprofundar*. São artigos ou escritos da *Obra Completa* um pouco mais difíceis; normalmente requerem certo estudo, mas são necessários para uma compreensão completa do tema.

3) *Obras relacionadas*. São artigos ou escritos de Jung que estão relacionados de alguma forma ao tema em questão e colocam o conceito no contexto do pensamento de Jung. Às vezes, outros temas presentes neste guia podem ser indicados por causa de sua proximidade com o tema em questão.

4) *Fontes secundárias*. São livros (ou às vezes artigos em coletâneas), escritos por junguianos ou outros, que são considerados significantes para o assunto, aqui selecionados com um olho em

sua acessibilidade. Esta lista não pretende ser uma bibliografia completa. Enquanto o estudioso especializado gosta de ler tratados densos e específicos sobre os temas, ou consultar revistas difíceis de serem encontradas, só disponíveis em institutos especificamente junguianos, o leitor leigo quer cimentar a sua compreensão usando livros que, em sua maior parte, ainda estão em circulação no mercado e disponíveis, ao menos sob encomenda ou em livrarias locais, e que são relativamente fáceis de se ler. A maioria das fontes secundárias satisfaz esse critério. Além disso, listei uma mistura de fontes, tanto da primeira geração como de escritores contemporâneos, sempre que possível, mantendo, porém, a lista curta e objetiva.

A organização por temas do livro pretende levar a bom termo meu propósito fundamental, que é o de ajudar o não especialista a começar a ler a *Obra Completa*. Para isso, as introduções teóricas são tão completas quanto necessárias, mas tão breves quanto possível. O foco principal aqui são os escritos de Jung; minhas interpretações de seus conceitos pretendem apenas orientar o leitor comum naquilo que lhe possa não ser familiar.

É possível notar que alguns artigos e escritos são mencionados sob vários tópicos. Muitos escritos de Jung ligam muitos de seus próprios conceitos de modo singular e, dessa forma, ler a obra toda como escrita por Jung, seja um pequeno artigo ou um livro inteiro, vai revelar conexões e interconexões que o leitor não perceberia de outra forma. Eu prestigiei os escritos de Jung, recomendando apenas obras inteiras, mas tentei reduzir as repetições ao mínimo possível, indicando as partes mais importantes daquelas obras de acordo com o tema em questão. Uma vez que muitos leitores vão preferir usar seletivamente este livro, em vez de ir da primeira à última página, a repetição inevitável das sugestões de leitura pode afinal não ser cansativa. Além disso, ler o mesmo artigo sob um número diferente de perspectivas é uma experiência quase necessária – ouso dizer – para que o efeito pleno das ideias de Jung se produza. Ler e reler Jung, estudá-lo e investir tempo nele, voltar ao mesmo lugar várias vezes com introspecções sempre novas ou com interrogações diferentes é provavelmente o melhor caminho para chegar a Jung.

Como o formato deixa claro, este livro não pretende servir tanto como uma obra de referência, mas como um programa planejado, um guia para a leitura da *Obra Completa*. O leitor interessado em familiarizar-se apenas com alguns conceitos de Jung deve procurar de imediato o sumário que o ajudará a localizar os temas específicos. Contudo, este livro será mais proveitoso a pessoas que queiram se familiarizar com a *Obra Completa* como um todo, mas que acham assustador demais abrir todos os silenciosos volumes sem um encorajamento ou orientação.

Existem diversas obras que dão um conspecto geral de Jung, escritas por junguianos de renome com sua própria avaliação dos conceitos básicos da psicologia analítica. Seis das mais conhecidas e mais usadas são: M. Esther Harding, *The 'I' and the "Not I"* (Nova York: Pantheon Books, 1965); Jolande Jacobi, *The Psychology of C.G. Jung* (New Haven: Yale University Press, 1973; June Singer, *Boundaries of the Soul* (Nova York: Doubleday, 1973); Marie-Louise von Franz, *C.G. Jung*: His Myth in Our Time (Nova York: C.G. Jung Foundation for Analytical Psychology, 1975 [*C.G. Jung*: Seu mito em nossa época. São Paulo: Cultrix, 1992]); Edward Whitmont, *The Symbolic Quest*: Basic Concepts in Analytical Psychology (Princeton: Princeton University Press, 1978 [*A busca do símbolo*. São Paulo: Cultrix, 1991]); e Frances G. Wickes, *The Inner World of Man* (2. ed. Boston: Sigo Press, 1988). Para o leitor apenas interessado nas definições dos principais conceitos da psicologia analítica, bem como nas interpretações junguianas de outros conceitos psicológicos, é muito recomendado *The Critical Dictionary of Jungian Analysis*, organizado por Samuels, Shorter e Plaut (Nova York: Routledge & Kegan Paul, 1986, [*Dicionário crítico de análise junguiana*. Rio de Janeiro: Imago, 1988]). Para aqueles interessados em ler excertos dos escritos de Jung, organizados por temas, será útil *The Essential Jung*, organizado por Anthony Storr (Princeton: Princeton University Press, 1983). Finalmente, existe o resumo ímpar e interessante da psicologia junguiana contida no volume *Man and His Symbols* (Garden City, Nova York: Doubleday, 1964 [*O homem e seus símbolos*. Rio de Janeiro: Nova Fronteira, 1964]), no qual há colaborações de Jung e de quatro de seus colegas.

—

PARTE I
Os caminhos e meios da psique

1
Os arquétipos e o inconsciente coletivo

O próprio Jung chamou sua teoria psicológica de *psicologia analítica*, tanto para expressar sua orientação quanto para diferenciar sua abordagem da psicanálise de Freud. No entanto, muitos escritores e psicólogos acharam que o termo *psicologia arquetípica* é uma descrição quase mais apropriada; e, de fato, esse termo aponta talvez o conceito mais fundamental e distintivo na psicologia analítica: o dos arquétipos do inconsciente coletivo.

É impossível separar a concepção de Jung do arquétipo de sua teoria do inconsciente coletivo. Um depende do outro por coerência teórica. Não se pode falar de arquétipos, conforme Jung usa o termo, sem a teoria do inconsciente coletivo, nem poderia o inconsciente coletivo ser coletivo, conforme Jung usa o termo, sem os arquétipos. Por isso, os conceitos são tratados aqui como duas partes de uma única teoria.

O termo *arquétipo* não foi criado por Jung, e Jung indica sua origem nos escritos patrísticos com uma "perífrase explicativa do *eidos* platônico" (OC, 9/1, § 5). A única contribuição de Jung foi usar a ideia de arquétipo num sentido psicológico com referência às pessoas contemporâneas. Os arquétipos eram para ele "formas típicas de apreensão" (OC, 8, § 280) – isto é, padrões de percepção e compreensão psíquicas comuns a todos os seres humanos como membros da raça humana.

Jung chegou a postular a existência desses modos comuns de apreensão por meio da observação *empírica*. Seu vasto conhecimento de mitologia, material antropológico, sistemas religiosos e arte antiga lhe permitiu ver que os símbolos e figuras que aparecem continuamente em muitos sonhos de seus pacientes eram idênticos aos símbolos e figuras que tinham aparecido e reaparecido durante milhares de anos em mitos e religiões de todo o mundo. Além disso, Jung foi muitas vezes incapaz de remontar o aparecimento de tais símbolos nos sonhos de seus pacientes às experiências das vidas individuais dos pacientes.

Por isso, Jung ampliou e aprofundou o conceito de Freud do inconsciente. Em vez de ser simplesmente o repositório de recordações pessoais reprimidas ou de experiências esquecidas, o inconsciente, assim parecia a Jung, consistia em duas partes de camadas. A primeira camada, que ele chamou de inconsciente pessoal, era basicamente idêntica à concepção freudiana do inconsciente. Nessa camada do inconsciente, estava o repositório de tudo o que um indivíduo havia vivenciado, pensado, sentido ou conhecido, mas que não estava conservado na consciência ativa, seja por repressão defensiva, seja por simples esquecimento.

Contudo, ao usar sua teoria dos arquétipos para justificar as similaridades no funcionamento e no imaginário psíquicos através dos tempos em culturas altamente diferentes, Jung concebeu uma segunda camada do inconsciente, que ele chamou de inconsciente coletivo. Essa camada do inconsciente era a que continha aqueles padrões da percepção psíquica, comuns a toda a humanidade, os arquétipos. Pelo fato de o inconsciente coletivo ser o campo da experiência arquetípica, Jung considerou a camada do inconsciente coletivo mais profunda e, em última análise, mais significativa do que a do inconsciente pessoal. Ficar ciente das figuras e dos movimentos do inconsciente coletivo levou as pessoas ao contato direto com as experiências e percepções essencialmente humanas, e o inconsciente coletivo foi considerado por Jung como a suprema fonte psíquica do poder, da totalidade e da transformação interior.

Embora os conceitos de arquétipos e de inconsciente coletivo fossem com frequência taxados de especulação filosófica e teorização inútil, Jung sempre manteve seu ponto de vista de que a afirmação da existência desse nível da psique humana era cientificamente sustentável com base na evidência empírica.

Outro mal-entendido comum em relação ao conceito de arquétipos, além da imputação de não científico, é a confusão entre o conteúdo do arquétipo e o arquétipo em si. O arquétipo em si não é uma ideia herdada nem uma imagem comum. Uma descrição melhor é que o arquétipo seja como um molde psíquico no qual são despejadas as experiências individuais e coletivas, onde elas tomam forma, mas isso é distinto dos símbolos e imagens em si. Nesse sentido, o conceito junguiano de arquétipo é a contrapartida psicológica da forma ou *eidos*, de Platão.

Não obstante, a confusão entre o conteúdo do arquétipo e do arquétipo em si é compreensível, uma vez que arquétipos particulares são identificados por suas manifestações simbólicas ou imaginais. Jung fala dos arquétipos de *anima/animus*, da Criança Divina, da Grande Mãe, do Velho Sábio, do *Trickster* e da *Core* ou Donzela – arquétipos cujo conteúdo é antropomórfico e cuja personalização está necessariamente disposta a fim de trazer o poder psicológico do padrão para dentro da consciência, para maior conhecimento e crescimento individual. Mas há arquétipos cujo conteúdo é mesmo antropomórfico, menos prontamente personalizado, tal como o arquétipo da totalidade ou o arquétipo do renascimento. Esses arquétipos, Jung chamou de arquétipos de transformação, "situações típicas, lugares, meios, caminhos, simbolizando o tipo de transformação em questão" (OC, 9/1, § 80).

Jung considerava os arquétipos como ambivalentes, potencialmente positivos e negativos. À medida que os próprios arquétipos estão, por definição, fora do conhecimento consciente, eles funcionam autonomamente quase como forças da natureza, organizando a experiência humana em caminhos especiais para o indivíduo sem considerar as consequências construtivas ou destrutivas da vida individual. O crescimento psicológico só ocorre quando alguém tenta trazer o conteúdo dos arquétipos para dentro do conhecimento consciente e estabelecer uma relação entre a vida consciente e o nível arquetípico da existência humana.

As referências bibliográficas a seguir incluem as principais exposições de Jung sobre esses conceitos. Mas o conceito de arquétipo é mais amplamente entendido se a pessoa se familiarizar com as várias figuras e padrões arquetípicos que são o foco exclusivo da segunda parte deste livro. Por isso, essas referências bibliográficas focalizam principalmente as teorias de Jung sobre o inconsciente, que são inseparáveis de sua concepção do arquétipo.

Para começar

"O conceito de inconsciente coletivo", OC 9/1, § 87-110.

"Sobre os arquétipos do inconsciente coletivo", OC 9/1, § 1-86.

O *eu e o inconsciente*, OC 7, esp. § 202-220.

Para aprofundar

Psicologia do inconsciente, OC 7/1, esp. § 97-191.

"A estrutura da alma", OC 8/2, § 283-342.

"Considerações teóricas sobre a natureza do psíquico", OC 8/2, § 343-442.

"Sobre os arquétipos do inconsciente coletivo", OC 9/1, § 1-48.

"As conferências de Tavistock", OC 18/1, esp. Segunda conferência, § 74-108.

Obras relacionadas

"A importância do inconsciente para a educação individual", OC 17, § 253-283.

"Consciência, inconsciente e individuação" OC 9/1, § 489-524.

Fontes secundárias

JACOBI, J. *Complex/Archetype/Symbol in the Psychology of C.G. Jung.* Princeton: Princeton University Press, 1959 [*Complexo, arquétipo e símbolo na psicologia de C.G. Jung.* São Paulo: Cultrix, 1995].

NEUMANN, E. *The Origins and History of Consciousness.* Princeton University Press, 1954 [*História da origem da consciência.* São Paulo: Cultrix, 1990].

2

Complexo

O conceito de complexo está estreitamente ligado ao conceito de arquétipo e de inconsciente coletivo de Jung, que ele formulou com base em evidência empírica, na qual encontrou um pouco menos controvérsia. Enquanto trabalhava no Hospital Burghölzli, em Zurique, ainda jovem, ele empreendeu o desenvolvimento de um teste de associação de palavras como meio de detectar as raízes inconscientes da doença mental. De modelo extremamente simples, o teste consistia em apresentar ao sujeito do teste uma palavra e solicitar dele uma resposta verbal espontânea à palavra. O exame das respostas do sujeito, tanto verbais como não verbais, parecia indicar o que Jung chamou primeiramente de "complexos com carga emocional" (OC 2, § 167, n. 42) e mais tarde de "complexo de ideias com carga emocional" (OC 2, § 733), que impediram o curso normal da associação de palavras e que estiveram claramente relacionados com a patologia do paciente. Esses complexos de carga emocional, mais tarde simplesmente chamados complexos, consistem, no ponto de vista de Jung, de dois componentes: o grupo de representações psíquicas e o sentimento característico ligado a esse grupo de representações.

Complexos podem ser inconscientes – reprimidos por causa da sensação dolorosa do afeto relacionado ou da inaceitabilidade das representações –, mas complexos também podem se tornar conscientes e, em última análise, parcialmente resolvidos. Qualquer complexo possui elementos relacionados com o inconsciente pessoal como também com o inconsciente coletivo. Um distúrbio no relacionamento com a própria mãe, por exemplo, pode resultar num complexo materno, isto é, um grupo de representações conscientes e inconscientes da "mãe" com uma carga emocional específica ligada ao grupo de imagens da mãe. No entanto, o arquétipo de "mãe" preexistente no inconsciente coletivo, comum a toda experiência humana, pode aumentar, distorcer ou modificar tanto a carga sentimental quanto o aspecto representacional do complexo de mãe dentro da própria psique.

Como os arquétipos, os complexos são potencialmente tanto positivos como negativos. O conhecimento consciente do objetivo e do afeto de um complexo pode servir para modificar suas consequências negativas, quando um estímulo particular constela o complexo, isto é, ativa as imagens e sentimentos que circundam o complexo no interior de um indivíduo. Todos os complexos têm um componente arquetípico, tornando-os, nos termos de Jung, a *via regia* para o inconsciente pessoal e coletivo (OC 8, § 210). Ao dar imagem a esse conceito do complexo, poder-se-ia dizer que o complexo é como uma planta: parte dela existe e floresce acima do solo, na consciência, e parte dela se estende invisível por baixo do solo, onde está ancorada e se alimenta, fora da consciência.

Para começar

"Psicanálise e o experimento de associações", OC 2, § 660-727.

"O diagnóstico psicológico da ocorrência", OC 2, § 728-792.

"A importância psicopatológica do experimento de associações", OC 2, § 863-917.

"Considerações gerais sobre a teoria dos complexos", OC 8/2, § 194-219.

Para aprofundar

"Associação, sonho e sintoma do sistema histérico", OC 2, § 793-862.

"A constelação familiar", OC 2, § 999-1014.

"Os fundamentos psicológicos da crença nos espíritos", OC 8/2, § 570-600.

Obras relacionadas

"Considerações teóricas sobre a natureza do psíquico", OC 8/2, § 343-442.

A energia psíquica, OC 8/1, § 1-130.

"Aspectos psicológicos do arquétipo materno", OC 9/1, § 148-198.

Fontes secundárias

JACOBI, J. *Complex/Archetype/Symbol in the Psychology of C.G. Jung*. Princeton: Princeton University Press, 1959 [*Complexo, arquétipo e símbolo na psicologia de C.G. Jung*. São Paulo: Cultrix, 1995].

3

Libido

Para se entender o uso psicanalítico do termo *libido* é necessário que se compreenda uma das ideias fundamentais da psicologia profunda, em uma de suas metáforas básicas e mais revolucionárias: a psique como um sistema dinâmico. Em vez de pensar a psique, ou mente, como consistindo de um grupo estático de componentes fixos, Freud, Jung e muitos outros psicólogos do início do século XX encontraram um paralelo mais próximo da ideia da mente como uma espécie de mecanismo interno complicado, regulando e ajustando o fluxo de pensamentos e emoções para garantir uma percepção adequada da realidade e um funcionamento perfeito. Ainda que esse modelo seja em si mecanicista se tomado muito literalmente, os psicólogos que adotaram esse modelo psicodinâmico mais novo se viram livres da tendenciosidade realmente materialista da pesquisa psicológica primitiva da Europa, que havia reduzido todas as funções mentais a simples processos biológicos ou neurológicos. Ao rejeitar essa concepção neurobiológica da mente, Freud, Jung e todos os seus adeptos chegaram à conclusão de que a psique é de fato um conjunto de inter-relações sempre em movimento, sempre em mutação, maior do que a soma de suas partes e sempre ativo, mesmo que às vezes essa atividade possa estar fora da consciência, ou ser inconsciente.

Ao elaborar esse modelo novo de funcionamento psíquico, Freud tomou emprestado do latim o termo *libido* para descrever o combustível que movimenta esse sistema psíquico, a energia motora que veio a ser reprimida, canalizada, deslocada ou sublimada pelos vários processos psicológicos que Freud descobriu. Mas ao postular que os conflitos sexuais eram a causa psicológica da neurose, Freud veio a usar o termo *libido* num sentido bem restrito, para denotar especificamente a energia sexual, e esse uso do termo tanto na psicanálise quanto na linguagem usual é o mais comum hoje em dia.

Jung achou que esse termo "se adapta muito bem à prática" (OC 7, § 77, n. 7), mas sentiu que um emprego exclusivo do termo para conotar a energia sexual era muito limitado e não condizente com o significado original latino de apetite, desejo, anseio, impulso (OC 8, § 56 n. 44). Por isso, ao rejeitar a ênfase excessiva de Freud na sexualidade, Jung escreve: "libido significa, para mim, energia psíquica ou o mesmo que intensidade energética de conteúdos psíquicos" (OC 7, § 77, n. 7), um uso bem mais neutro do termo, condizente com sua teoria geral da psique como fenômeno dinâmico.

E mais, o emprego que Jung faz do termo *libido* é mais amplo do que o de Freud porque a concepção junguiana de psique também é mais ampla do que a da psicanálise ortodoxa de Freud. Recusando a ideia de que a morte é um simples amplificador simétrico de impulso e defesa, tendo a libido como lubrificante, Jung usou *libido* para descrever algo mais inefável e misterioso, a libido como definida por seus resultados e efeitos. Por exemplo, a atenção que alguém dedica a objetos internos ou externos, o magnetismo fluido que existe entre as pessoas, a atração por qualidades ou coisas especiais, a qualidade de ação que alguém pode coloquialmente chamar de ir e vir, a habilidade de fazer coisas – todas essas são as várias tonalidades de sentido que esse simples termo tem no pensamento de Jung. Essas conotações empurram claramente o termo *libido* um pouco para além de sua estrita definição de carga emocional, para o uso junguiano comum da palavra, como energia psíquica, tornando o termo tão flexível e potente linguisticamente quanto é a própria libido dentro da psique.

A revisão de Jung da teoria da libido apareceu pela primeira vez em *Transformações e símbolos da libido*, publicado em 1912, quando Jung ainda estava ligado a Freud. Como se pode imaginar, esse livro, com suas reinterpretações radicais de muitos conceitos do próprio Freud, incluindo o da libido, pressagiava a famosa ruptura entre os dois, que viria a acontecer em 1913, e causou certo alvoroço ao ser publicado. O primeiro artigo da lista que se segue foi escrito por Jung em resposta a críticas de sua revisão do conceito de libido e tem por isso um foco coerente e conciso que permite que o leitor de primeira viagem entenda as ideias de Jung a respeito do termo. Os outros artigos vêm rechear o uso que Jung faz desse conceito. As partes relevantes de *Transformações e símbolos da libido* (mais tarde publicado com o título modificado para *Símbolos da transformação*) estão indicadas, mas seriam provavelmente melhor lidas como partes essenciais do livro todo, e não como excertos.

Para começar

A energia psíquica, OC 8/1, § 1-130.

Para aprofundar

"Tentativa de apresentação da teoria psicanalítica", OC 4, prefácios e § 203-575, esp. III, "O conceito de libido", § 251-293.

"Psicanálise e neurose", OC 4, § 745-767.

"A divergência entre Freud e Jung", OC 4, § 768-784.

Símbolos da transformação, OC 5, esp. parte I, cap. 3-5, § 47-117, e parte II, § 190-250.

Obras relacionadas

"Instinto e inconsciente" OC 8/2, § 263-282.

Fontes secundárias

HARDING, M.E. *Psychic Energy*: Its Source and Its Transformation. Princeton: Princeton University Press, 1973.

4

Sonhos e interpretação dos sonhos

Incontestavelmente a pedra fundamental da psicologia e da técnica analítica junguianas, a interpretação dos sonhos é uma das contribuições mais influentes que Jung deixou para o pensamento e a técnica da psicologia moderna. Por essa razão, um entendimento profundo do lugar e do caráter da interpretação dos sonhos na obra de Jung é vital para compreender sua psicologia como um todo. Como é de se esperar, os métodos de Jung da interpretação dos sonhos baseiam-se em sua concepção do que é um sonho e qual a função psicológica que desempenha.

Jung concorda totalmente com Freud em relação à importância dos sonhos na análise do inconsciente, mas discorda também totalmente da concepção de Freud do sonho. Para Freud, o sonho era um mecanismo psicológico que funcionava para preservar o sono, expressando e, assim, descarregando desejos inaceitáveis, inconscientes, de forma disfarçada. Como na visão de Jung a psique é tanto um fenômeno natural quanto proposto, Jung via os sonhos da mesma maneira, como naturais e propositados, a expressão espontânea e não disfarçada dos processos inconscientes. Segundo Jung, Freud errou ao supor que a razão de nossa frequente dificuldade em desvelar totalmente o significado do sonho fosse a imposição de um disfarce por algum censor putativo do sonho. Segundo Jung, as dificuldades que temos em interpretar os sonhos devem-se à natureza inconsciente do sonho: os sonhos não se expressam na linguagem verbal ou lógica da vida acordada, mas encontra sua voz numa linguagem bem diferente, a linguagem do simbolismo. Por isso, para entender os sonhos, é necessário aprender a falar essa linguagem, a linguagem do inconsciente, com seus ricos símbolos e imagens arquetípicas.

Com relação aos métodos de Jung de interpretação dos sonhos, dois conceitos são importantes. O primeiro é a ideia de associação. Após um paciente haver exposto um sonho seu, Jung pedia que o paciente fizesse uma livre associação com os vários símbolos ou imagens do sonho como um modo de preparar as interpretações ensaísticas do sentido do sonho. Contrariamente a outros métodos populares de interpretação dos sonhos, que tratam as imagens do sonho como sinais a serem traduzidos ou decodificados, Jung achava que cada elemento do sonho tinha uma individualidade simbólica que poderia ser mais bem interpretada pelo sonhador e por ninguém mais. Por isso, Jung deu suma importância às associações que o sonhador faz com os símbolos e as imagens.

Por exemplo, usar uma abordagem junguiana para saber simplesmente que uma paciente sonhou com uma mesa não é suficiente. Que espécie de mesa, velha ou nova, fantástica ou comum? Era semelhante a outras mesas que viu na sua própria casa ou na casa de um amigo? Gostaria de ter uma mesa igual a essa em sua casa, ou achava-a tosca, imprópria para seu gosto? Colher tais associações com o sonho e os seus conteúdos do paciente em primeiro lugar, em vez de o analista interpretar o sonho com base em significados preconcebidos das imagens do sonho, é a contribuição singular de Jung à interpretação dos sonhos.

O segundo conceito importante para o método junguiano do trabalho com o sonho é a ideia da amplificação do símbolo. Tendo reunido as associações do sonhador e feito várias interpretações ensaísticas do significado e da intenção daquele sonho, Jung examinava então os paralelos arquetípicos para entender os níveis mais profundos dos símbolos do sonho. Motivos encontrados nos mitos, lendas ou contos populares que eram semelhantes ou mesmo idênticos àqueles contidos em um dado sonho seriam úteis para indicar a base arquetípica de um sonho e fornecer uma compreensão talvez mais transformativa do sonho no nível arquetípico.

Jung via a grande maioria dos sonhos funcionando psicologicamente de maneira compensatória. Ao apresentarem a situação interior da psique de modo a trazer essa situação para o conhecimento consciente e integrado dentro do indivíduo, os sonhos servem para compensar aquilo que pode se ter perdido dentro da consciência. Mas Jung não entendeu todos os sonhos como compensatórios e reconheceu que muitos deles funcionam de outra maneira, seja prospectivamente, isto é, antecipando extrassensorialmente uma direção ou desenvolvimentos psicológicos, dando uma informação sobre uma ocorrência fora do conhecimento de um dos cinco sentidos de alguém; ou seja profeticamente, predizendo um acontecimento futuro. Essa espécie de sonhos, ainda que real, é muito rara.

O ponto a que Jung queria chegar nesse trabalho com os sonhos era uma interpretação ou um conjunto de interpretações que unisse compreensão consciente e processos inconscientes de um modo que fosse intelectual, emocional e intuitivamente satisfatório. Jung percebeu que os sonhos podiam ser interpretados de duas maneiras: objetivamente, em referência a uma situação externa na vida do sonhador, ou subjetivamente, como uma representação da situação ou do processo interior do sonhador. Além disso, como fica claro nos escritos de Jung, ele punha grande ênfase na interpretação de uma série de sonhos, em vez de um único sonho apenas. Numa série de sonhos, uma quantidade de símbolos pessoais e arquetípicos do sonho pode ser vista desenvolvendo-se, mudando e interagindo com outros símbolos. Pelo fato de a linguagem dos sonhos ser imagística e simbólica, os sonhos tendem a exprimir mais plenamente o trabalho dos níveis arquetípicos da consciência humana, que só pode ser expressa simbolicamente, devido à sua natureza fundamentalmente psíquica.

Os escritos de Jung na *Obra Completa* estão repletos de análises detalhadas de sonhos, bem como de muitas discussões teóricas sobre o método e o objetivo da interpretação dos sonhos. Neles, sentimos o trabalho clínico de Jung ganhar vida através da enorme sutileza e erudição com que ele interpreta muitos sonhos impressionantes e transformativos, ficando assim as análises de Jung dos sonhos entre as mais interessantes e, às vezes, também mais complicadas partes da *Obra Completa*. Na lista de leituras abaixo, estão as principais exposições de Jung sobre a interpretação dos sonhos, bem como algumas de suas análises mais detalhadas e extensas de várias séries de sonhos de seus pacientes. Essas análises, listadas sob "Obras relacionadas" porque o propósito de Jung era ilustrar outros pontos em vez da interpretação dos sonhos em si, podem às vezes ser um pouco difíceis de ler por causa de sua densa imagística e de suas ricas interpretações, mas elas dão uma ideia precisa de como Jung procedia com seus pacientes na análise do sonho.

Para completar nosso conhecimento dos métodos de Jung de interpretação dos sonhos, uma leitura obrigatória é *Dream Analysis: Notes of the Seminar Given in 1928-1930*. Distribuídas datilografadas durante anos entre os institutos junguianos do mundo todo e mantidas assim porque Jung nunca teve tempo para editá-las, essas notas foram finalmente publicadas em 1984, tornando conhecido um calhamaço sobre interpretação dos sonhos de Jung e seus adeptos que enriqueceu nossa compreensão dos métodos de Jung. Recomendamos o livro de Mary Ann Mattoon por sua excelente organização e praticidade, embora a obra de James Hall seja concisa e evocativa. Cada um desses livros é leitura "obrigatória" uma vez que o leitor tenha se embrenhado nos escritos de Jung.

Para começar

"A aplicação prática da análise dos sonhos", OC 16/2, § 294-352.

"Aspectos gerais da psicologia do sonho", OC 8/2, § 443-529.

"Da essência dos sonhos", OC 8/2, § 530-569.

Para aprofundar

"A análise dos sonhos", OC 4, § 64-94.

"Contribuição ao conhecimento dos sonhos com números", OC 4, § 129-153.

"Morton Prince: 'The Mechanism and Interpretation of Dreams'. Resenha crítica", OC 4, § 153-193.

Símbolos da transformação, OC 5, esp. parte I, cap. 2, § 4-46.

Obras relacionadas

Psicologia e alquimia, OC 12, esp. parte II, § 57-331.

"Estudo empírico do processo de individuação", OC 9/1, § 525-626.

JUNG, C.G. *Dream Analysis*: Notes of the Seminar Given in 1928-1930. Princeton: Princeton University Press, 1984.

Fontes secundárias

HALL, J.A. *Junguian Dream Interpretation*: A Handbook of Theory and Practice. Toronto: Inner City Books, 1983 [*Jung e a interpretação dos sonhos*. São Paulo: Cultrix, 1983].

MATTOON, M.A. *Understanding Dreams*. Dallas: Spring, 1984.

5

Símbolo

Ainda que o conceito de Jung de símbolo seja central em sua psicologia, talvez seja mais fácil reconhecer um símbolo do que defini-lo ou aplicá-lo. Mas essa situação curiosa está bem de acordo com o entendimento que Jung tinha do símbolo como *a melhor representação possível de alguma coisa que jamais poderá ser conhecida plenamente.* Separar os elementos dessa definição e examinar cada um deles nos ajuda a esclarecer a atenção particular que Jung dava aos símbolos e sua dedicação a criar em seus pacientes a capacidade de refletir e viver a vida em um nível simbólico e não em um nível simplesmente literal.

Como representações, os símbolos são as manifestações dos arquétipos neste mundo, as imagens concretas, detalhadas e experimentais que expressam constelações arquetípicas de sentido e emoção. Mas os símbolos não são idênticos aos arquétipos que eles representam. Embora a vara, o falo, o número três e a imagem de Javé possam ser todos simbólicos do arquétipo masculino, por exemplo, o arquétipo do masculino fica à parte dessas representações. O arquétipo é o molde psíquico da experiência, enquanto o símbolo é sua manifestação peculiar; os arquétipos existem fora da vida assim como a conhecemos como num modo de percepção clara, ao passo que o símbolo é tirado da vida e aponta para o arquétipo que está além de nossa compreensão. Por isso, o símbolo é essencialmente o que nos torna humanos e representa a nossa habilidade de conceber aquilo que está além de nossa compreensão, a nossa capacidade de transcender nosso estado consciente, encarnado, e de estar em relação com outra realidade supraordenada.

Como expressões do desconhecido e talvez do incognoscível, os símbolos constituem a linguagem do inconsciente, daquilo que é por definição desconhecido e talvez incognoscível. Exemplos de como o inconsciente fala por meio do símbolo podem ser encontrados tanto nos sonhos, com suas imagens simbólicas condensadas, mutantes, multiníveis, quanto nos jogos infantis, uma atividade altamente simbólica realizada por seres humanos não totalmente conscientes de suas personalidades. Pelo fato de o inconsciente se expressar simbolicamente, Jung gastou muito tempo pesquisando e explicando símbolos que tinham um efeito arquetípica e culturalmente transformador. Sua ideia era que essa compreensão mais ampla e sutil poderia tornar o material inconsciente tão consciente quanto possível e assim afastar as situações psicologicamente perigosas de unilateralidade ou ignorância. Uma vez que o símbolo indica algo além da compreensão, experimentar a vida simbolicamente é aproximar-se do sentido individual daquilo que somos e do que fazemos, o objetivo do trabalho analítico de Jung.

É difícil separar os escritos de Jung sobre o símbolo na *Obra Completa* de seus escritos sobre os sonhos e a interpretação dos sonhos, pois suas interpretações dos sonhos demonstram em detalhe meticuloso como Jung concebia a função do simbolismo em nossa vida interior e exterior. Por isso, recomenda-se à pessoa interessada ler as obras de Jung sobre o símbolo em si e seus escritos sobre os sonhos para obter uma familiaridade bem grande com esse setor crucial da psicologia de Jung.

Há necessidade de um breve comentário sobre uma das maiores obras de Jung sobre os símbolos. O livro *Transformações e símbolos da libido* (mais tarde intitulado *Símbolos da transformação*), volume

5 da *Obra Completa*, foi escrito quando Jung ainda estava ligado a Freud, mas representou a tentativa de Jung de abrir e seguir um caminho diferente do de Freud. A primeira parte desse livro é dedicada à reinterpretação de um relato de um caso, publicado por Theodore Flournoy, a respeito de "Miss Miller"; a segunda parte representa a primeira tentativa de esboçar o processo da individuação psicológica por meio de seu simbolismo. Esse livro é especialmente interessante, pois o texto atual é uma completa revisão que Jung fez ainda em vida, após ter desenvolvido e consolidado muitas ideias agora identificadas como suas principais contribuições à psicologia analítica. Por isso, *Símbolos da transformação*, volume 5 da *Obra Completa*, é uma das obras mais importantes a serem lidas e assimiladas.

O volume 18, *A vida simbólica*, é na essência uma coletânea dos escritos de Jung que poderiam ter sido incluídos nos outros volumes da *Obra Completa*, mas não o foram por várias razões. O volume recebeu seu título de um seminário que Jung deu em Londres, e o título principal, junto com o subtítulo "Símbolos e a interpretação dos sonhos", representa o melhor e mais fácil acesso às ideias de Jung sobre os símbolos. Os ensaios de Jung sobre o simbolismo dos mandalas podem dar ao leitor também uma percepção mais plena do quanto a concepção de Jung do símbolo pode ser criativa e extensa. O mandala, uma figura simbólica, usada primeiramente na prática religiosa e meditativa da Ásia, fascinou Jung como um símbolo da totalidade e da integração que aparecem muitas vezes espontaneamente nos sonhos de seus pacientes analíticos.

O estudo de Jung dos processos de individuação, como as fantasias de Miller em *Símbolos da transformação*, dá-nos uma indicação bastante aproximada de como Jung entendeu e usou uma abordagem simbólica da vida e do desenvolvimento psíquicos. Os dois volumes de *Visions: Notes of the Seminar Given in 1930-1934* contêm inestimáveis *insights* na abordagem simbólica de Jung para aqueles que possuem a curiosidade e a paciência de ler esse texto solto e cheio de imagens. À semelhança de *Dream Analysis*, mencionado no capítulo anterior, também esse datiloscrito ficou por longo tempo inédito; eles são altamente recomendados, mas só após o leitor estar bem familiarizado com as ideias e os métodos de Jung.

O pequeno livro de Jolande Jacobi nos dá uma discussão teórica compacta sobre o símbolo na psicologia junguiana. O relato mais extenso que Adler faz de um processo de individuação de um paciente analítico dá continuidade, de certa forma, à prática de Jung de levar em consideração primeiramente os dados empíricos e só depois tirar as conclusões teóricas. Embrenhar-se na análise relatada nesse livro pode ser trabalhoso, mas não há modo melhor de obter uma visão precisa sobre o lugar que ocupa o símbolo na análise junguiana. E finalmente a *Encyclopedia of Archetypal Symbolism* pode propiciar aos leitores muitas horas de investigação e inspiração. Com milhares de imagens colhidas no Archive for Research in Archetypical Symbolism (Aras), guardadas em três Jung Institutes, de Nova York, São Francisco e Los Angeles, esse compêndio dos símbolos arquetípicos com comentário é uma introdução ímpar e incalculável à amplidão da posição e do pensamento de Jung frente aos símbolos.

Para começar

"A vida simbólica", OC 18/1, § 608-696.

"Símbolos e interpretação dos sonhos", OC 18/1, § 416-607.

Para aprofundar

Símbolos da transformação, OC 5.

"O simbolismo do mandala", OC 9/1, § 627-712.

"Mandalas", OC 9/1, § 713-718.

Obras relacionadas

Psicologia e alquimia, OC 12, esp. parte II, "Símbolos oníricos do processo de individuação", § 144-331.

DOUGLAS, C. *Visions*: Notes of the Seminar Given in 1930-1934. Princeton: Princeton University Press, 1997.

Fontes secundárias

ADLER, G. *The Living Symbol*: A Case Study in the Process of Individuation. Nova York: Pantheon, 1961.

ELDER, G. (org.). *An Encyclopedia of Archetypal Symbolism* - The Body. Vol. 2. Boston: Shambhala, 1996.

JACOBI, J. *Complex/Archetype/Symbol in the Psychology of C.G. Jung*. Princeton: Princeton University Press, 1959 [*Complexo, Arquétipo e Símbolo na Psicologia de C.G. Jung*. São Paulo: Cultrix, 1995].

MOON, B. (org.). *An Encyclopedia of Archetypal Symbolism*. Vol. 1. Boston: Shambhala, 1991, 1997.

6

Imaginação ativa

A imaginação ativa foi uma técnica desenvolvida por Jung para aumentar e desenvolver o relacionamento com o material inconsciente, especialmente com figuras interiores que apareceram em sonhos ou fantasias. Com a imaginação ativa, Jung pretendia que o indivíduo assumisse um papel não só receptivo, mas também ativo para encontrar-se e confrontar-se com vários elementos arquetípicos inconscientes em sua psique. A atividade da imaginação ativa contrasta com o sonho, que, na opinião de Jung, simplesmente ocorre. Contudo, a imaginação ativa não é nenhuma fantasia diretiva na qual o indivíduo persegue os pensamentos e desejos de seu próprio ego. Do modo como Jung a desenvolve, a intenção da imaginação ativa é abrir o limite entre a consciência passiva e receptiva, do material inconsciente interior e a reação ativa e opcional a esse material de qualquer forma. June Singer, em seu livro *Boundaries of the Soul*, dá ao seu capítulo sobre imaginação ativa o título de "Sonhando o sonho para frente", que é talvez a melhor descrição sumária tanto de sua técnica quanto de sua intenção.

À luz das ideias de Jung sobre a natureza e a função da psique, a imaginação ativa parece uma consequência natural do ponto de vista de que a totalidade é resultado de tornar o inconsciente consciente e de que a psique é um fenômeno intencional. A imaginação ativa é um modo de encarar mais diretamente as direções inconscientes de nossa vida interior, embora mantendo tão longe quanto possível nosso senso consciente do si-mesmo e nossa capacidade de ação informada e ética.

Assim como acontece com vários conceitos de Jung, a imaginação ativa pode ser mais bem entendida por meio da experiência direta do que por meio da leitura sobre ela, pois Jung escreveu pouco sobre os amparos da técnica. As discussões mais úteis e focadas sobre imaginação ativa estão indicadas na lista de leituras abaixo em "Para começar". Na primeira, o pequeno ensaio "A função transcendente", Jung descreve como a consciência e a inconsciência agem em série para corrigir e equilibrar a unilateralidade psíquica. Nesse contexto, Jung explica como a imaginação ativa ou a fantasia podem ajudar a transcender ou a sanar a lacuna típica entre essas duas esferas psíquicas opostas. A segunda leitura indicada é a última metade da quinta conferência de Tavistock, uma série de palestras que Jung deu na Clínica Tavistock, de Londres, em 1935. Em resposta a uma pergunta sobre sua técnica, Jung fala sobre a intenção dela e seus efeitos, e faz uma rápida apresentação do material trabalhado pela fantasia de um paciente. Para ler mais sobre o tema, é necessário obviamente pesquisar os vários relatos da imaginação ativa que Jung tira de seu trabalho clínico, relatos que são, em geral, bem detalhados e vívidos o bastante para tornar claro precisamente como Jung tenciona que sua técnica seja usada e para que fim. Certamente o que mais claramente se manifesta nesse material todo é o valor que Jung dava à fantasia e a alta consideração que tinha por sua função curadora.

As fontes secundárias são de dois notáveis junguianos. O livro de Hannah trata da imaginação ativa, ao passo que o livro de Adler é principalmente um relato de caso de uma análise em que a imaginação ativa tem uma parte simplesmente crucial. Se lidos ao mesmo tempo, ambos servem como uma introdução completa a essa técnica vital no municiamento da análise junguiana, completados pelas duas obras mais recentes sobre o tópico, escritas por Robert Johnson e Verena Kast.

Para começar

"A função transcendente", OC 8/2, § 131-193.

"Fundamentos da psicologia analítica (Tavistock Lectures)", OC 18/1, Quinta conferência, § 304-415.

Para aprofundar

"Estudo empírico do processo de individuação", OC 9/1, § 525-626.

"Mandalas", OC 9/1, § 713-718.

Psicologia e alquimia, OC 12, esp. parte II, § 44-331.

Obras relacionadas

Freud e a psicanálise, OC 4, esp. Cap. 8, "Princípios terapêuticos da psicanálise", § 407-457.

Fontes secundárias

ADLER, G. *The Living Symbol*: A Case Study in the Process of Individuation. Nova York: Pantheon, 1961.

HANNAH, B. *Encounters with the Soul Active Imagination as Developed by C.G. Jung*. Santa Monica: Sigo Press, 1981.

JOHNSON, R. *Inner Work*: Using Dreams and Active Imagination for Personal Growth. São Francisco: Harper and Row, 1986 [*A chave do reino interior*. São Paulo: Mercúrio, 1989].

KAST, V. *Imagination as Space of Freedom*: Dialogue between the Ego and the Unconscious. Nova York: Fromm, 1993 [*A imaginação como espaço de liberdade*. São Paulo: Loyola, 1997].

7

Psique/alma

A preocupação de Jung raramente foi apresentar em escritos definições puramente filosóficas de seus conceitos, mas, em vez disso e sobretudo, fornecer exposições práticas de certos aspectos da experiência humana. Em parte nenhuma, isso é mais verdadeiro do que quando o conceito a ser elucidado é o verdadeiro foco e fundamento da disciplina da psicologia, a própria psique. Por isso, não se encontram na *Obra Completa* discussões teóricas do que a psique é ou não é, mas descrições daquelas partes de experiência humana que Jung considerou como merecedoras do termo *psique*.

Por meio de suas autoinvestigações, de sua pesquisa sobre o simbolismo da vida humana e de seu trabalho clínico como psiquiatra, Jung expandiu e corrigiu o entendimento psicológico acadêmico da *psique*, que mesmo hoje em dia é simplisticamente traduzida por "mente". A experiência de Jung com os fenômenos psíquicos, especialmente fenômenos irracionais e inconscientes, levou-o a discordar da igualação de psique e mente, uma igualação que ele refutava pelo fato de que ela tende a identificar o todo da psique com a consciência e os poderes racionais da pessoa. A psique, como Jung a entendia, é melhor vista como a totalidade da vida não física, tanto racional quanto irracional, tanto pessoal quanto coletiva, tanto consciente quanto inconsciente. Esse modo de ver inclui na psique bem mais dos que os limitados fenômenos físico-racionalistas, entendidos como psicológicos antes de Jung, e abre espaço para aqueles aspectos da psique que vão além do pensamento e da mente, como sensação, sentimento, intuição e instinto.

Por isso Jung considerava a psique como algo maior do que o senso do si-mesmo meramente pessoal, identificado como o eu; a psique engloba o consciente e o inconsciente. Jung acostumou-se a usar a palavra *alma* como o equivalente atual apropriado da palavra grega *psiche*, e os dois termos foram usados indistintamente nos escritos de Jung. Para Jung e os junguianos, *alma* descreve bem mais evocativa e corretamente o vasto campo dos fenômenos humanos que chamamos de psíquicos, fenômenos que Jung acreditava serem o verdadeiro foco da psicologia: a alma individual com seus conflitos, seus altos e baixos e sua singularidade; a alma coletiva, a alma do mundo, o senso de humanidade de uma pessoa que é compartilhado com as outras; e a alma transpessoal, supraindividual dos metafísicos e teólogos, alma no sentido espiritual e religioso como manifestação da mente de Deus, a psique objetiva além da compreensão humana.

Por essa razão, a visão de Jung da psique e de sua equivalência com o conceito de alma vai fortemente contra o cerne de muitas abordagens psicológicas modernas, baseadas que estão na fé iluminada pela racionalidade. Essa concepção de psique relativiza o lugar do indivíduo no esquema cósmico das coisas e, como indicam os escritos de Jung, essa relativização do ser humano foi claramente uma intenção consciente e uma experiência que ele vivenciou. Para Jung, a psique não é algo dentro do indivíduo, mas antes, mais propriamente falando, o indivíduo é algo que existe dentro da psique. Para muitos psicólogos, a relativização que Jung fez da racionalidade individual é inaceitável e assustadora. Contudo, ver a psique como alma, em vez de mente, permite a Jung adotar perspectivas históricas e religiosas muitas vezes fechadas e excluídas por outras teorias psicológicas. Essa concepção da psique leva a sério uma das características distintiva dos seres humanos, sua capacidade de criar símbolos. E mais, apesar das críticas mal orientadas da concepção de Jung, jamais ele diminuiu ou negou a importância da consciência racional como parte da psique, dizendo que há mais de psique do que vê o olho racional moderno.

Os escritos de Jung sobre a psique se propõem, por isso, a descrever e delinear com precisão e criatividade o que Heráclito (e June Singer) chamaram de "limites da alma". Ele examina então as partes conscientes da psique – o ego, a percepção do si-mesmo, os tipos psicológicos – bem como os aspectos inconscientes da psique – sua relação com o instinto, sua relação com a escolha e a vontade, os símbolos recorrentes das funções psíquicas e os relacionamentos humanos. Ele examina a psique e sua relação com as crenças religiosas e com a espiritualidade. Ele considera o desenvolvimento histórico da consciência psicológica e os efeitos de sua supervalorização nos tempos modernos. Ele examina a relação da psique com a matéria, o quanto são diferentes psique e matéria e como às vezes parecem ser duas manifestações de uma única realidade. Ele tenta em seus escritos uma tarefa quase impossível e às vezes abstrusa: descrever sistematicamente a estrutura e a natureza da psique, deixando, ao mesmo tempo, espaço para a realidade viva, com respiração e desenvolvimento da alma com todas as miríades de manifestações individuais, coletivas e transpessoais.

Três observações são importantes sobre a terminologia técnica com que o leitor pode se confrontar ao ler sobre a psique na *Obra Completa*. Em primeiro lugar, Jung usa, às vezes, a palavra *alma*, sobretudo em seus primeiros escritos, com o sentido de um sinônimo de alma parcial com *complexo*, uma peça autônoma da totalidade psíquica que se quebrou, por assim dizer, e parece estar vivendo uma vida dela própria. Enquanto a psique denota, pois, a totalidade da experiência não física, a alma pode descrever apenas um fragmento daquela totalidade em casos particulares.

Em segundo lugar, seguindo o emprego que Jung fazia do termo no início, a palavra *alma*, ou *imagem da alma*, é, às vezes, usada como sinônimo de *anima*, como uma figura íntima dentro da psique. A confusão aqui é compreensível, uma vez que *anima* é a palavra latina para alma, assim como *psyche* é o termo grego, e *anima* foi escolhida propositalmente por Jung para expressar como a figura da *anima* pode representar muitas vezes a própria psique, uma alma de ser humano. Nos escritos posteriores de Jung, porém, ele chegou a usar *anima* (em vez de *alma*) como referência a essa figura arquetípica interior, mas a diferenciação não é muitas vezes bem clara.

Em terceiro lugar, Jung usa o termo *psicoide* em contradistinção a *psíquico* para descrever aquilo que está de alguma forma entre o puramente psíquico e o puramente instintivo, um nível em que o físico e o material se misturam e se juntam, uma espécie de estado fusionado da realidade física puramente crua dos impulsos instintivos e sua transformação em algo maior, a psiquização dos instintos, como Jung coloca. Esses sentimentos, imagens, símbolos e experiências não são portanto verdadeiramente psíquicos, mas são melhor descritos como realmente psicoides, isto é, semelhantes à psique, uma vez que são parcialmente não físicos, mas também grandemente infiltrados pela libido instintiva.

Essas três observações sobre a terminologia podem demonstrar a natureza escorregadia e mutante da psique: total, mas fragmentada; não física, mas, às vezes e ao mesmo tempo, instintiva e psicoide, vivenciada subjetivamente, e, no entanto, uma realidade objetiva além do sujeito meramente humano. O conceito e a vivência de Jung dessa investigação psicológica verdadeiramente objeto/sujeito fornecem uma correção importante à arrogância excessiva de teorias neurobiológicas da mente ou do pensamento puramente behaviorista da psicologia dos dias atuais. A psique, a alma, é impregnada de mistério, e, apesar de todas as nossas tentativas, foge continuamente à nossa percepção cognitiva e emocional.

Para começar

"O problema fundamental da psicologia contemporânea", OC 8/2, § 649-688.

Para aprofundar

"A estrutura da alma", OC 8/2, § 283-342.

"Considerações teóricas sobre a natureza do psíquico", OC 8/2, § 243-442.

Obras relacionadas

O eu e o inconsciente, OC 7/2, § 202-406.

Fontes secundárias

HILLMAN, J. *The Myth of the Analysis*: Three Essays in Archetypal Psychology. Nova York: Harper and Row, 1972 [*O mito da análise*. São Paulo: Paz e Terra, 1987].

_____. *Re-Visioning Psychology*. Nova York: Harper and Row, 1975.

NEUMANN, E. *Amor and Psyche*: The Psychic Development of the Feminine. Princeton: Princeton University Press, 1956 [*Amor e Psique* – Uma contribuição para o desenvolvimento da psique feminina. São Paulo: Cultrix, 1995].

VON FRANZ, M.-L. *Projection and Re-Collection in Jungian Psychology*: Reflections of the Soul. Londres: Open Court, 1981 [*Reflexos da alma*: Projeção e recolhimento interior na psicologia de C.G. Jung. São Paulo: Cultrix, 1992].

8

Espírito

Na tentativa de compreender os escritos de Jung sobre o espírito, enfrentamos o mesmo problema que Jung em sua tentativa de captar aquilo que a palavra *espírito* designa. Quando se alcança uma explicação promissora, percebe-se que o aprendido escapa rapidamente por entre os dedos de nossa rede intelectual, sendo levado pelo mar bravio de importantes, mas de difícil entendimento, aspectos da experiência humana. Por isso, Jung aborda o espírito da mesma maneira com que trata os muitos outros habitantes desconcertantes de seu mar experimental, isto é, a partir de sua posição como psicólogo. Ele não está a fim, conforme confessa, ou não é capaz de discussões filosóficas ou teológicas sobre a natureza do espírito. Ele volta-se, antes, para a fenomenologia do espírito na vida psíquica: o que o espírito mostra que é, e em que aspectos ele é igual ou diferente da psique/alma.

Evidentemente, é quase impossível para Jung não se ver enredado até certo ponto nas polêmicas filosóficas precedentes e nas teias teológicas que foram tecidas em torno do espírito. A esse respeito, é instrutiva a nota do tradutor prefaciando "Os fundamentos psicológicos da crença nos espíritos" (OC 8, § 307), ao apontar – linguisticamente por assim dizer – a natureza flexível e multimatizada do conceito de espírito, *Geist* em alemão. Contudo, Jung traz certa ordem cognitiva para o que ameaça se tornar uma confusão vaga de terminologia, observando que, psicologicamente, espírito tem dois significados e usos. Um fala *de um* espírito, no sentido de uma coisa individual – um fantasma, disposição de ânimo, uma aparição, uma qualidade – e o outro fala *do* espírito, no sentido de alguma coisa coletiva – espiritualidade, princípios espirituais, totalidade espiritual.

Esse último sentido de espírito, como fundamento da espiritualidade ou de certos princípios espirituais, Jung deixa de preferência aos metafísicos para debate e discussão. Como psicólogo, Jung está muito mais interessado em considerar os espíritos no plural, como manifestações de complexos, espíritos como entidades inconscientes, arquetipicamente baseadas. Por terem suas raízes no inconsciente, esses espíritos, no plural, têm obviamente uma relação com *o* espírito, no sentido religioso comum, que Jung considera como parte da psique enquanto alma. Mas, como de costume, Jung está mais interessado em estudar os símbolos e o imagístico do espírito na vida psíquica do que em propor dogmas teóricos.

Portanto, *caveat lector!* Os escritos de Jung sobre o espírito não são para os de mentalidade filosófica ou teológica, para os interessados no idealismo hegeliano ou na espiritualidade cristã. A concepção de espírito de Jung é melhor entendida em suas discussões do imagístico arquetípico do mito, da alquimia e dos contos de fadas (histórias do "espírito" por excelência) ou também em seu tratamento do que chamou de fenômenos ocultos, aquelas ocorrências misteriosas, fantasmáticas ou paranormais que ele considerava manifestações de complexos psicológicos. Nessas discussões práticas sobre o espírito, Jung lembra o significado mais elevado e mais amplo de espírito e, de fato, várias vezes se refere mais diretamente a espírito nesse sentido mais amplo do termo. Mas sempre fala de espírito primeiramente e sobretudo como psicólogo interessado em olhar para o lugar do espírito no funcionamento da alma humana.

As obras de junguianos sobre o espírito são poucas e muito esporádicas, se limitarmos o campo e excluirmos livros sobre religião ou espiritualidade, dos quais há grande número. A melhor obra sobre espírito no sentido em que Jung empregava o termo, encontra-se em

Spirit and Nature, organizado por Joseph Campbell, que reúne estudos apresentados nos encontros anuais de Eranos, às margens do Lago Maggiore, em Ascona, Suíça. Dois ensaios de Jung – "A fenomenologia dos contos de fadas" e "O espírito da psicologia", esse depois reintitulado como "Considerações teóricas sobre a natureza do psíquico" (OC 8) – estão incluídos na coletânea, assim como ensaios sobre o espírito de Kerényi, Wili, Rahner, Portmann e outros. O deus Apolo atua de muitas maneiras como um símbolo do espírito dentro da psique, e assim o livro de ensaios de Kerényi sobre o deus pode ajudar a esclarecer este conceito, seguindo o que James Hillman (inspirado por Henry Corbin) chamou de psicologia imaginal: a compreensão psicológica suscitada por imagens e imaginação.

Para começar

"A fenomenologia do espírito no conto de fadas", OC 9/1, § 384-455.

"Os fundamentos psicológicos da crença nos espíritos", OC 8/2, § 570-600.

Para aprofundar

"O problema psíquico do homem moderno", OC 10/3, § 148-196.

"O espírito Mercurius", OC 13, § 239-303.

Obras relacionadas

"Sobre a psicologia e patologia dos fenômenos chamados ocultos", OC 1, § 1-150.

Fontes secundárias

CAMPBELL, J. (org.). *Spirit and Nature*: Papers from the Eranos Yearbooks. Princeton: Princeton University Press, 1954.

KERÉNYI, K. *Apollo*. Dallas: Spring, 1983.

9

Eros e Logos/masculino e feminino

Ao explicar o que eram, para Jung, os modos e meios da psique, em vez de nos concentrarmos em símbolos particulares ou figuras personificadas do inconsciente, deparamo-nos com um par de princípios que Jung via operando dentro da psique como opostos eternos: Eros, o princípio feminino do relacionamento, e Logos, o princípio masculino do conhecimento. Obviamente, como princípios eternos do comportamento humano, Eros e Logos não devem ser entendidos como se residissem num gênero ou no outro, em homens ou mulheres literalmente, só porque Jung identificou Eros com o feminino e Logos com o masculino. Para Jung, esses termos, *masculino* e *feminino*, significavam primariamente duas coisas.

Em primeiro lugar, *masculino* e *feminino* certamente significavam o que era, no tempo de Jung, socialmente definido como masculino e feminino. O papel feminino das mulheres naquele tempo estava fortemente ligado ao relacionamento interpessoal – como esposa, mãe, auxiliar – e também a características especiais da personalidade, como emocionalidade, sutileza, esteticismo e espiritualidade. Esses aspectos do princípio Eros podiam, por isso, ser chamados de femininos no sentido que constituía naquele tempo a definição convencional do Ocidente de feminilidade. De forma semelhante, o papel masculino dos homens naquela época baseava-se em sua habilidade de usar a lógica e a racionalidade no mundo – como comerciantes, realizadores profissionais, provedores – e consistia de características de personalidade relacionadas a isso, tais como raciocínio claro, atividade, brio, solução de problemas e abstração. Dessa maneira, Logos poderia ser chamado de princípio masculino, segundo as normas sociais coletivas. Mas, em segundo e mais importante lugar, Jung chamou esses dois princípios opostos do comportamento humano de masculino e feminino para indicar como tais princípios foram representados arquetipicamente através do tempo: o princípio Eros de relacionamento por meio de figuras femininas, como Afrodite (mãe do deus Eros), e o Logos por meio de figuras masculinas como Apolo e Cristo.

Desde o tempo em que Jung escreveu isso, há muita polêmica quanto à validade dos papéis sexuais, identificados pelo gênero, e o advento do movimento mundial das mulheres conseguiu desafiar esses pontos de vista coletivos de masculinidade e feminilidade de variadas formas. O importante, ao ler o que Jung diz sobre Eros e Logos, é ter em mente que, mesmo tendo frequentemente identificado esses princípios com os homens e as mulheres em si, os princípios permanecem abstratos, padrões do comportamento humano não aliados intrinsecamente com o gênero anatômico. Realmente, alguns analistas junguianos estão questionando se é útil continuar chamando Eros de feminino e Logos de masculino, uma vez que tanto os homens quanto as mulheres partilham e estruturam suas vidas em torno dos dois princípios e, por amor à totalidade, cada indivíduo deve continuar lutando por essa união dos opostos. Claramente, Eros, apesar de ser um princípio feminino, é um deus masculino muito poderoso na mitologia grega, assim como muitas representações de Logos, como Sofia, a figura mística da sabedoria, tinha traços femininos.

Jung cunhou esses termos em seu sentido psicológico não como estruturas para nelas enquadrar homens e mulheres individualmente, mas antes como recipientes fluidos e flexíveis de certas qualidades que possuem os homens e as mulheres. De fato, como se pode ver na ênfase que ele coloca em seus escritos na individualidade, a intenção de Jung era exatamente o oposto das normas sociais convencionais, e ele discute muitas vezes Eros e Logos exatamente para indicar como essas imagens coletivas de masculinidade e feminilidade impedem e danificam o indivíduo por causa da unilateralidade. Repetidas vezes, Jung insiste na importância do relacionamento-Eros para homens e da objetividade-Logos para as mulheres, tendo ele mesmo visto muitos casos de atrofia neurótica da consciência para se enquadrar nas normas coletivas de identificação por sexo.

Por isso, o leitor fará muito bem em ler o que Jung diz sobre Eros e Logos como era a intenção do autor – de modo leve, experimental e solto, não como a última palavra, mas antes como esboços para entender outro par de forças opostas no indivíduo e na alma.

Contudo, há que se fazer uma observação especial sobre Eros. Às vezes, durante sua carreira, Jung usou o termo de outra maneira que não para designar o princípio do relacionamento, especificamente como abreviação imagística de sexualidade, de acordo com o uso que Freud faz do termo. O contexto torna normalmente claro o significado que Jung lhe dá, pois raramente discute Eros como princípio sem mencionar também Logos e quase sempre especifica que Eros é ao princípio, e não ao deus grego psicologizado do amor, que ele está se referindo.

O artigo principal da lista de leituras, "A mulher na Europa", é uma peça fascinante sobre feminilidade, o lugar das mulheres na sociedade e transformação social, apesar do caráter obsoleto de muitas de suas observações. Os outros textos sobre o uso que Jung faz de Eros e Logos como princípios psicológicos estão espalhados em escritos com discussões mais amplas sobre masculinidade e feminilidade, como, por exemplo, em sua discussão de *anima/animus* em *Aion*, na seção "As personificações dos opostos", no seu estudo alquímico *Mysterium Coniunctionis* e na breve discussão de *anima/animus* no

"Comentário sobre *O segredo da flor de ouro*". O caráter fragmentário dessas referências podem demonstrar que o pensamento de Jung sobre esses princípios psicológicos estava apenas no estágio da formulação.

Quanto às fontes secundárias, resisti à ideia de tornar esta lista uma bibliografia da imensa literatura agora existente sobre gênero/sexo. As obras listadas tratam mais ou menos das ideias de Jung sobre Eros/Logos e fornecem textos básicos com os quais a gente deveria se familiarizar.

A abertura de Jung para analisar e treinar mulheres como analistas levou ao aparecimento de certo número de notáveis mulheres junguianas sob sua orientação direta, cuja maioria começou a escrever sobre a psicologia das mulheres a partir de uma perspectiva arquetípica. Os escritos de M. Esther Harding são contribuições clássicas para a literatura junguiana sobre o feminino, enquanto Marion Woodman representa a geração seguinte do pensamento junguiano sobre a experiência feminina com muita tenacidade e qualidade. A única obra que se aproxima de uma monografia sobre Logos como o princípio masculino é *Phallos: Sacred Image of the Masculine* (*Falo: A sagrada imagem do masculino*), de Eugene Monick, embora grande parte do escrito sobre a psicologia masculina tenha sido fruto de uma perspectiva arquetípica do modelo de Jung (cf. os capítulos "Pai", "Herói", "Velho Sábio" e "*Trickster*" na segunda parte). Os três livros de Robert Johnson também representam obras populares duradouras sobre esses assuntos de Eros-feminilidade e Logos-masculinidade, e o segundo livro de Johnson aqui listado, *She*, apresenta uma das três análises junguianas importantes do mito de Eros e Psiquê. Os outros dois livros, de James Hillman, *The Myth of the Analysis* (*O mito da análise*), e de Erich Neumann, *Amor and Psyche* (*Amor e Psiquê*: Uma contribuição para o desenvolvimento da psique feminina), também são listados. Como representantes das reformulações contemporâneas dos conceitos básicos de Jung, as obras de Tacey e Hill são exemplos formidáveis dos usos atuais, politicamente conscientes, das ideias de Jung.

Para começar

"A mulher na Europa", OC 10/3, § 236-275.

Para aprofundar

Aion, OC 9/2, esp. cap. 3, "Sizígia: *anima* e *animus*", § 20-42.

Mysterium coniunctionis, OC 14/1, esp. cap. 3, "As personificações dos opostos", § 101-340.

"Comentário a *O segredo da flor de ouro*", OC 13, esp. cap. 3, "Os fenômenos do caminho", § 46-63.

Obras relacionadas

Psicologia do inconsciente, OC 7/1, esp. cap. 2, "A teoria do Eros", § 16-34.

"A psicologia da transferência", OC 16/2, esp. a introdução, § 353-401.

Fontes secundárias

HARDING, M.E. *Women's Mysteries*: Ancient and Modern. Nova York: Harper & Row, 1971 [*Os mistérios da mulher*. São Paulo: Paulus, 1985].

HILL, G.S. *Masculine and Feminine*: The Natural Flow of Opposites in the Psyche. Boston: Shambhala, 1992.

HILLMAN, J. *The Myth of the Analysis* – Three Essays in Archetypal Psychology. Nova York: Harper and Row/torch Books, 1983.

JOHNSON, R.A. *He*. São Francisco: Harper & Row, 1983 [*He*. São Paulo: Mercuryo, 1987].

_____. *She*. São Francisco: Harper & Row, 1983 [*She*. Petrópolis: Vozes, 1987].

_____. *We*. São Francisco: Harper & Row, 1983 [*We*. São Paulo: Mercuryo, 1987].

MONICK, E. *Phallos*: Sacred Image of the Masculine. Toronto: Inner City Books, 1987 [*Falo*: A sagrada imagem do masculino. São Paulo: Paulus, 1993].

NEUMANN, E. *Amor and Psyche*: The Psychic Development of the Feminine. Princeton: Princeton University Press, 1956 [*Amor e Psiquê*: Uma contribuição para o desenvolvimento da psique feminina. São Paulo: Cultrix, 1995].

TACEY, D. *Remaking Men*: Jung, Spirituality and Social Change. Londres: Routledge, 1997.

WOODMAN, M. *Addiction to Perfection*: The Still Unravished Bride. Toronto: Inner City Books, 1982 [*O vício da perfeição*. São Paulo: Summus, 2002].

10

Tipos psicológicos

Após sua teoria dos sonhos e da interpretação dos sonhos, vem a contribuição mais duradoura de Jung para o campo da psicologia, sua teoria dos tipos psicológicos. Intrigado pelo conflito entre Freud e Adler, em que dados empíricos ostensivamente idênticos produziram teorias tão radicalmente diferentes, Jung desenvolveu uma teoria de tipos psicológicos que ajudou a esclarecer as dificuldades, os mal-entendidos e, obviamente, as afinidades naturais que existem em certos relacionamentos entre indivíduos.

Segundo a tipologia de Jung, as pessoas podem ser classificadas em tipos atitude e tipos função. No tipo atitude, há duas alternativas: extrovertido, em que a libido da pessoa tende a ser dirigida a partir de si para objetos do mundo externo, ou introvertido, em que a libido da pessoa tende a ser dirigida a partir dos objetos do mundo externo para dentro dela. Reconhecendo que nenhuma dessas categorias é fixa e exclusiva, Jung procurou apenas descrever de maneira prática e observável que a atitude dominante ou típica de alguém era voltada para as pessoas, o mundo e para si mesmo.

Dos tipos função, existem quatro, dois classificados como racionais e dois como irracionais. Os dois tipos racionais são pensamento e sentimento. O termo *racional* é usado porque ambas as funções empregam critérios para organizar e decidir. A função pensamento organiza e decide segundo regras de análise e lógica; a função sentimento organiza e decide com base em valores e mérito pessoal. Pelo fato de haver uma tendência a usar sentimento e emoção como sinônimos nos dias atuais, deve-se ver que o uso que Jung faz da palavra *sentimento* inclui o que se poderia chamar comumente de *emoção*, mas vai muito além dos sentimentos, para um campo de moralidade e de valores, incluindo o senso ético em relação a coisas e situações que a pessoa tem. Por isso, a designação de *racional* para tipos sentimento no sentido junguiano pode confundir as pessoas dos tempos modernos (especialmente os tipos pensamento), que consideram os sentimentos e as emoções sempre como aspectos irracionais da vida psíquica, devendo ser controlados e resolvidos.

As duas funções irracionais no sistema de Jung são intuição e sensação. O termo *irracional* é usado porque esses tipos função não *decidem* primariamente, mas, em vez disso, *experimentam* primeiro. O tipo intuitivo funciona primeiramente com base em sua experiência e suas percepções inconscientes, aquele campo imaterial de símbolos e imagens do qual muitas pessoas não têm conhecimento algum, mas que uma pessoa intuitiva usa como base de ação e experiência. O tipo sensação funciona primeiramente por meio da experiência do concreto, do mundo físico, com uma visão pé no chão da existência do mundo e de si mesmo. Resumindo, Jung postula oito tipos básicos de pessoas: extrovertido pensamento, sentimento, intuição e sensação, e introvertido pensamento, sentimento, intuição e sensação.

Pelo fato de tal classificação empírica de uma tipologia psicológica prestar-se extraordinariamente bem a uma mensuração quantitativa, um corpo inteiro de instrumentos de teste e literatura correlata cresceu em torno do esquema relativamente simples criado por Jung de tipos de personalidade. O famoso teste Myers-Briggs do tipo psicológico baseia-se na tipologia de Jung, notando-se, porém, que o teste reflete a tipologia de Jung com uma categoria extra de "julgamento/percepção" acrescentada aos tipos função. Outros analistas junguianos desenvolveram testes semelhantes: Joseph e Jane Wheelwright, em conjunto com Horace Gray, desenvolveram um teste mais curto, seguindo exatamente a tipologia de Jung das duas atitudes e quatro funções, e June Singer com Mary Loomis desenvolveram uma tipologia multiaxial acompanhada de um teste publicado em 1984. Não há dúvida de que a utilidade teórica da tipologia junguiana da personalidade está irmanada com sua utilidade no plano clínico, fornecendo, ao menos, uma maneira organizada e impessoal de ver as interações humanas, maneira inerentemente livre de julgamentos de valor ou de preconceitos.

Tipos psicológicos, a exposição de Jung de sua teoria e de sua aplicação interpretativa às diversas áreas de experiência humana, é verdadeiramente um tomo por si só, e desde então foram escritos diversos livros e artigos ampliando as descrições tipológicas. *Tipos psicológicos* foi o primeiro livro que Jung publicou após sua ruptura com Freud e, como tal, marca a reemergência de Jung na luz pública da psicologia profissional em 1921. O longo período de isolamento profissional, seu período chamado de não cultivado (repouso da terra), permitiu a Jung desenvolver e aplicar suas ideias sobre a tipologia a todos os vários aspectos da cultura que são o foco de cada capítulo do livro – filosofia, teologia, poesia, mitologia, psicologia, etc. No último capítulo do livro, "Definições", Jung apresentou pela primeira vez de uma maneira organizada os diversos conceitos que chegou a usar ao longo de seu livro. Ainda que extraordinariamente útil e acessível, "Definições" só é representativo do pensamento inicial de Jung, e muitos dos conceitos lá definidos sofreram considerável elaboração e refinamento durante a longa carreira de Jung. Por isso, como um todo, o volume 6 da *Obra Completa* representa um ponto alto para Jung em termos pessoais e profissionais – um livro que é fruto de um importante período de transição e de autodefinição, bem como uma contribuição perene para o campo da psicologia.

Mas ler o livro é outra questão. O capítulo 10, o último capítulo antes de "Definições", deve ser lido de preferência em primeiro lugar, pois ele apresenta a tipologia de Jung de maneira organizada. Sem essa leitura, não se tem uma ideia do propósito de Jung nos nove capítulos anteriores em que ele aplica seus construtos tipológicos, em amplos e às vezes torturantes detalhes, a vários pares de opostos – Platão e Aristóteles, Orígenes e Tertuliano, Schiller e Goethe, Spitteler e Goethe, e o conflito estético intrapsíquico de Nietzsche – para ter uma melhor percepção da base psicológica por trás desses conflitos. Jung também examina outras tipologias de personalidade propostas durante os séculos, como as apresentadas por Friedrich von Schiller, Furneaux Jordan e William James, oferecendo críticas e apoio à luz de sua própria teoria. Esses nove capítulos podem ser lidos em sua ordem, ainda que seus tópicos sejam bastante distintos uns dos outros, ou o leitor pode selecionar algum deles, conforme seu interesse. O leitor versado na literatura alemã talvez queira escolher os capítulos sobre Schiller, Nietzsche, Spitteler e Goethe; os versados na história da Igreja talvez queiram ler o capítulo sobre os pensamentos clássico e medieval; e leitores interessados em psicologia talvez queiram começar pelos capítulos sobre psicopatologia, caráter humano e filosofia moderna.

As fontes secundárias listadas foram escolhidas a partir da vasta literatura sobre tipologia, porque os autores tratam especificamente da abordagem de Jung, em vez de serem focadas em outros modos por meio dos quais sua tipologia poderia ser usada e aplicada.

Para começar

Tipos psicológicos, OC 6, cap. 10, "Descrição geral dos tipos", § 621-740.

Para aprofundar

Tipos psicológicos, OC 6, cap. 1-9, § 8-620.

Tipos psicológicos, OC 6, Epílogo, § 922-930.

Tipos psicológicos, OC 6, Anexos, § 931-1.058.

Psicologia do inconsciente, OC 7/2, esp. cap. 4, "O problema dos tipos de atitude", § 56-96.

"O significado da contribuição e da herança para a psicologia", OC 8/2, § 220-231.

"Tavistock Lectures", OC 18/1, esp. Primeira conferência e discussão, § 1-73.

"Símbolos e interpretação dos sonhos", OC 18/1, esp. cap. 4, "O problema dos tipos na interpretação dos sonhos", § 495-520.

Obras relacionadas

Tipos psicológicos, OC 6, cap. 11, "Definições", § 741-921.

Fontes secundárias

SHARP, D. *Personality Types*: Jung's Models of Typology. Toronto: Inner City Books, 1987 [*Tipos de personalidade*. São Paulo: Cultrix, 1997].

SPOTO, A. *Jung's Typology in Perspective*. Evanston: Chiron, 1995.

VON FRANZ, M.-L. & HILLMAN, J. *Lectures on Jung's Typology*. Nova York: Spring, 1971 [*A tipologia de Jung*. São Paulo: Cultrix, 1995].

11

Psicoterapia

As caracterizações muitas vezes errôneas de Jung e da psicologia analítica como confusa, mística, crédula e não científica ignoram o fato fundamental de que Jung começou a maioria de suas pesquisas sobre os fenômenos psicológicos não como cientista desinteressado, mas como clínico prático. Os escritos de Jung são evidência de que sua personalidade tem uma tendência eminentemente prática e, por isso, a psicoterapia pode ser chamada perfeitamente de pedra angular de sua psicologia, o propósito e a motivação de suas várias e abrangentes pesquisas, e seu constante ponto de referência, o lugar ao qual Jung sempre volta. A psicologia significaria pouco para Jung se não servisse para aliviar o sofrimento de seus pacientes, e ele era conhecido como alguém que gastava pouco tempo com aquilo que não tivesse aplicação prática.

Por isso, os escritos de Jung sobre psicoterapia são alguns de seus artigos mais acessíveis ao público em geral, que pode ter sido a razão de o volume 16, contendo muitos desses artigos, ter sido o primeiro da *Obra Completa* a ser publicado em inglês. O ponto de vista de Jung sobre a psicoterapia foi profundamente influenciado pela ideia de Freud de que a verdadeira cura acontece não por sugestão ou influência positiva do terapeuta, mas por uma solução dinâmica dos conflitos inconscientes, que se dá trazendo à consciência sentimentos, pensamentos e impulsos que ficaram afastados da consciência. Jung partilha com Freud a ênfase no tratamento individual, mas vai mais longe do que Freud ao enfatizar a individualidade essencial de cada paciente, abandonando toda formulação teórica preconcebida quando defrontado com um paciente individualmente. Essa ênfase radicalmente individual leva Jung a discorrer muitas vezes sobre a psicoterapia como se fosse indistinta do que ele chamou de processo de individuação. Por isso, tanto sua ideia de psicoterapia quanto seu conceito de individuação devem ser entendidos como uma coisa só, para se compreender realmente as ideias de Jung sobre a natureza da cura.

No nível da técnica, Jung faz uma distinção entre métodos analíticos e sintéticos no tratamento psicoterapêutico, isto é, métodos que reduzem e explicam sistemas com base em sentidos regressivos, infantis, e métodos que veem, dentro de sintomas aparentemente patológicos, os prospectos de crescimento construtivo futuro. Ele vê a relação analítica como o ponto crucial da terapia, mas difere de Freud na avaliação da relação transferência/contratransferência. Para Jung, a psicoterapia, a cura da alma, ocorre tanto pela resolução da transferência quanto pelo verdadeiro relacionamento entre analista e paciente, a relação de compromisso e cuidado mútuos que ocorre entre o que cura e o que é curado. Jung põe grande ênfase na interpretação dos sonhos e inclui em seu arsenal técnico métodos não verbais de abordar os conteúdos inconscientes como arte, fantasia e imaginação ativa. Jung faz uma distinção entre o propósito da psicoterapia para aqueles que estão na primeira metade da vida, que devem ainda construir sua vida exterior e adquirir uma personalidade coerente e individual, e aqueles que procuram a psicoterapia na segunda metade da vida, como ele a denomina, para os quais a realização exterior não tem mais a importância que já teve e cuja tarefa psicológica é agora uma jornada interior para a realização individual.

A valorização paritária de consciente e inconsciente e sua atitude prática, pé no chão, "o que quer que funcione", em relação à psicoterapia estão em franca oposição às duas principais correntes do pensamento psicológico nos Estados Unidos, behaviorismo e psicanálise freudiana, com sua arrogante ênfase na técnica e na supervalorização, respectivamente, dos conteúdos conscientes e inconscientes. Os escritos de Jung sobre psicoterapia, muitos dos quais dirigidos a não psicólogos, são lampejos refrescantes de como ele vê o processo terapêutico e de seu lugar dentro dele. Uma vez que o trabalho vital de Jung foi precisamente este, seu trabalho como terapeuta, a importância de seus pontos de vista sobre psicoterapia não pode ser teórica nem pessoalmente superestimada.

Os artigos do volume 16 foram reunidos na lista a seguir de acordo com sua acessibilidade, pertinência e profundidade de tratamento, sendo os artigos listados em primeiro lugar de compreensão mais fácil, enquanto os artigos subsequentes desenvolvem mais suas ideias sobre psicoterapia. Em "Obras relacionadas", são listados relatos do tratamento que Jung dispensou a pacientes, relatos que dão uma ideia da técnica terapêutica de Jung. Em "Fontes secundárias", *Jungian Psychotherapy*, de Michael Fordham, foi escrito principalmente para clínicos praticantes, *Boundaries of the Soul*, de June Singer, é aquilo que se pode chamar de relato padrão e mais popular da análise junguiana, e *Jungian Analysis*, editado por Murray Stein, é uma coletânea única de artigos sobre a psicoterapia junguiana a partir de uma diversidade de perspectivas e de uma variedade de sujeitos. Contribuições recentes sobre a técnica de Kast, Kugler, Bradway e McCoard fecham esta lista.

Para começar

"O que é psicoterapia?", OC 16/1, § 28-45.

"Alguns aspectos da psicoterapia moderna", OC 16/1, § 46-65.

"Os objetivos da psicoterapia", OC 16, § 66-113.

"Princípios básicos da prática da psicoterapia", OC 16/1, § 1-27.

Para aprofundar

"Os problemas da psicoterapia moderna", OC 16/1, § 114-174.

"Psicoterapia e visão de mundo", OC 16/1, § 175-191.

"Medicina e psicoterapia", OC 16/1, § 192-211.

"Psicoterapia e atualidade", OC 16/1, § 212-229.

"Questões básicas da psicoterapia", OC 16/1, § 230-254.

"A situação atual da psicoterapia", OC 10/3, § 333-370.

Obras relacionadas

"Sobre os conflitos da alma infantil", OC 17, § 1-79.

"Estudo empírico do processo de individuação", OC 9/1, § 525-626.

"Tavistock Lectures", OC 18/1, esp. "Quinta conferência e discussão", § 304-415.

"A teoria da psicanálise", OC 4, esp. cap. 9, "Um caso de neurose infantil", § 458-522.

O eu e o inconsciente, OC 7/2, § 202-406.

Fontes secundárias

BRADWAY, K. & MCCOARD, B. *Sandplay*: The Silent Workshop of the Psyche. Londres: Routledge, 1997.

FORDHAM, M. *Jungian Psychotherapy*. Nova York: Wiley, 1978.

KAST, V. *The Dynamics of Symbols*: Fundamentals of Jungian Psychotherapy. Nova York: Fromm, 1992 [*A dinâmica dos símbolos*: Fundamentos da psicoterapia junguiana. São Paulo: Loyola, 1997].

KUGLER, P. (org.). *Jungian Perspectives on Clinical Supervision*. Zurique: Daimon, 1995.

SINGER, J. *Boudaries of the Soul*. Nova York: Doubleday, 1972.

STEIN, M. (org.). *Jungian Anlysis*. Boulder: Shambhala, 1984.

12

Transferência / contratransferência

A ideia de Jung de transferência dentro do relacionamento analítico era semelhante à de Freud, com algumas diferenças importantes baseadas na ideia de Jung sobre a psique. Jung concorda com Freud que o fenômeno da transferência consiste de pensamentos, sentimentos e fantasias de um outro relacionamento, normalmente do passado, sendo reexperimentado num relacionamento atual, mas discorda de Freud, considerando que uma transferência pode estar baseada não só no material do inconsciente pessoal, mas pode conter também notáveis elementos arquetípicos. Alguém pode ter uma transferência de pai para um analista, que vai além de tudo o que o paciente jamais experimentou com seu pai, sentindo o analista como o máximo, talvez até uma figura miticamente idealizada, uma transferência chamada mais apropriadamente de transferência arquetípica.

Ainda que Freud e Jung partilhassem da opinião de que a transferência fosse um elemento sempre presente em todo relacionamento, Freud considerava a transferência e sua contrapartida analítica, a contratransferência, uma ocorrência altamente patológica entre as pessoas – com uma orientação inapropriada, irracional, destituída de realidade. Por isso, Freud considerava a transferência dentro do relacionamento analítico como um assunto para uma investigação constante e determinada entre analista e paciente até que, idealmente, o todo da transferência se tivesse tornado consciente, tivesse sido trabalhado e finalmente resolvido.

Jung, no entanto, considerando a psique como um fenômeno de ocorrência natural, removeu a transferência/contratransferência do âmbito da psicopatologia, vendo-a como uma ocorrência natural, talvez inevitável e às vezes até útil. Por essas razões, divergia fortemente da psicanálise, defendendo o ponto de vista de que o verdadeiro relacionamento entre analista e paciente era potencialmente bem mais curativo do que a relação de transferência, e de que a falta de transferência era realmente um fator positivo no relacionamento analítico. Além disso, Jung considerava a transferência de material pessoal ou arquetípico para a pessoa do analista como algo essencialmente a ser tolerado, mas certamente não promovido, algo a ser entendido, mas não necessariamente resolvido. Por isso, na análise junguiana, a relação de transferência e contratransferência é muitas vezes reconhecida e examinada sem se tornar, porém, o único foco do tratamento. De fato, como se pode ver à luz da teoria junguiana do inconsciente coletivo, a solução da transferência poderia significar tornar consciente o vasto oceano da experiência humana coletiva – uma impossibilidade manifesta. Jung trabalhou para tornar consciente a totalidade que representa a relação inconsciente de transferência/contratransferência, esperando assim trazer à consciência os níveis profundos da existência que o paciente experimenta e reexperimenta no relacionamento analítico.

Para explicar seu ponto de vista transformacional do relacionamento transferência/contratransferência na análise, Jung usa o simbolismo do processo alquímico, um processo de transformar metais comuns, não preciosos, em ouro, que os alquimistas da Idade Média acreditavam ser literalmente possível, mas que Jung via como uma projeção do processo psíquico interior sobre a realidade material exterior. O ponto mais importante do processo analítico para Jung era transformar os metais comuns da experiência não analisada, projetada, no ouro da experiência mais unificada, pessoalmente integrada, e não simplesmente solucionar a transferência ao nível do inconsciente pessoal. O estudo definitivo e muito influente do simbolismo alquímico como pertinente à transferência dentro da análise, "A psicologia da transferência", em sua riqueza de símbolos e gravuras, não poderia ser mais diferente do tratamento psicanalítico, tipicamente freudiano, desse tema.

Entre os analistas junguianos, existe grande diversidade de opiniões sobre o lugar da transferência/contratransferência na análise. Alguns analistas fazem da análise da transferência a peça central do trabalho analítico, especialmente a chamada Escola Junguiana de Londres, que segue a orientação de Michael Fordham, enquanto outros seguem mais de perto as próprias opiniões de Jung e relativizam o lugar da análise da transferência na psicoterapia. As fontes secundárias da lista de leituras mostram a diversidade como a transferência é concebida e terapeuticamente tratada por analistas contemporâneos.

A lista de leituras começa com as ideias de Jung sobre a transferência durante seu período de associação com a psicanálise de Freud, seguida de um artigo que dá a visão mais típica de Jung sobre a transferência. A obra mais importante de Jung sobre esse assunto, "A psicologia da transferência", é sugerida em "Para aprofundar", pois o leitor pode querer se familiarizar mais com os estudos psicológicos de Jung sobre alquimia antes de mergulhar nessa parte incomum da obra de Jung.

Para começar

"Os problemas da psicoterapia moderna", OC 16/1, § 114-174.

Para aprofundar

"A psicologia da transferência", OC 16/2, § 353-539.

Obras relacionadas

Alhures neste livro, cf. as listas de leitura do capítulo 28, "*Coniunctio*", e da parte IV, "Assuntos esotéricos".

Fontes secundárias

FORDHAM, M. *Jungian Psychotherapy*. Nova York: Wiley, 1978.

JACOBY, M. *The Analytic Encounter*: Transference and Human Relationship. Toronto: Inner City Books, 1984 [*O encontro analítico*. São Paulo: Cultrix, 1991].

13

Individuação

Pelo fato de o inconsciente coletivo representar a fonte do crescimento psíquico, Jung acreditava que um relacionamento funcional entre os níveis consciente e inconsciente da existência fosse vital para a saúde psíquica. Esse relacionamento funcional entre os níveis inconsciente e consciente da existência foi também concebido e descrito por Jung como o relacionamento entre o complexo individual do eu e o arquétipo do Si-mesmo, um arquétipo de totalidade e inteireza, representado por símbolos que Jung encontrava continuamente nos sonhos e fantasias dos seus pacientes. Quando o consciente e o inconsciente, eu e Si-mesmo, têm um relacionamento contínuo, Jung considerava que a pessoa poderia então consolidar um senso de sua individualidade única, bem como de sua conexão com uma experiência mais ampla da existência humana, tornando-a capaz de viver de um modo criativo, simbólico e individual.

O processo de chegar a esse equilíbrio psíquico, Jung chama de *individuação*, um princípio e um processo que ele entendia como subjacente a toda atividade psíquica. A tendência da psique de mover-se para a totalidade e o equilíbrio é um postulado fundamental da psicologia de Jung. Chamado diferentemente de princípio teleológico, intencional, sintético, construtivo ou finalista, esse princípio de que a psique tende para a totalidade e o equilíbrio contém igualmente o postulado tipicamente junguiano de que a verdadeira vida humana consiste de opostos que precisam ser unidos dentro da alma humana. O processo e o resultado dessa união de opostos é a habilidade de a pessoa formar para si uma personalidade individual unificada, coerente e, apesar disso, singular em profundidade e riqueza. A individuação, esse processo de tornar-se um indivíduo autônomo, pode ser entendida a partir de sua etimologia, isto é, o processo de tornar-se indivisível ou de tornar-se um consigo mesmo.

Um dos propósitos da análise, talvez o propósito da análise na visão de Jung, é ajudar no processo de individuação, particularmente em nível arquetípico. Jung considerava a individuação, na maneira como usava o termo, como em grande parte uma questão de desenvolvimento psicológico na segunda metade da vida, isto é, após a realização exterior da juventude e dos primeiros anos da vida adulta ter se tornado menos importante. Embora muitas coisas que não estejam estritamente centradas em facilitar a individuação, no sentido junguiano, possam ocorrer dentro da análise – por exemplo, a solução de problemas ou a simples compreensão empática – o objetivo mais alto da análise é, contudo, dar continuidade ao processo de individuação do paciente através da análise e da experiência dos símbolos e das figuras arquetípicas nos sonhos, de visões, da imaginação ativa e da vida cotidiana.

Os pequenos artigos indicados em "Para começar" são exposições concisas das ideias de Jung sobre o assunto em pauta. Seus relatos dos processos de individuação de seus pacientes, suas caminhadas individuais em direção à totalidade, estão entre as histórias mais fascinantes da *Obra Completa*, sobretudo um extenso relato em "Estudo empírico do processo de individuação". Indicada é também aquela seção de "O símbolo da transformação na missa", na qual Jung traça paralelos entre os rituais da missa e a ação simbólica do Si-mesmo no processo de individuação.

Dada a centralidade desse conceito na análise junguiana, não surpreende que bom número de analistas tenham escrito sobre o processo de individuação, que eles acompanharam em seu trabalho clínico. Enquanto o livro de Jolande Jacobi dá um tratamento mais teórico ao conceito, Wheelwright e Adler, como autores junguianos mais antigos, e Carotenuto e Bosnak, escrevendo de um ponto de vista mais moderno e criativo, todos fornecem panoramas bastante precisos de como Jung pensava a respeito do modo como esse processo acontecia na psicoterapia.

Para começar

"Adaptação, individuação e coletividade", OC 18/2, § 1.084-1.106.

"Consciência, inconsciente e individuação", OC 9/1, § 489-524.

Para aprofundar

"Estudo empírico do processo de individuação", OC 9/1, § 525-626.

"O simbolismo do mandala", OC 9/1, § 627-712.

"O símbolo da transformação na missa", OC 11, esp. parte IV, "Psicologia da missa", § 376-448.

Obras relacionadas

Presente e futuro, OC 10/1, § 488-588.

Fontes secundárias

ADLER, G. *The Living Symbol* – A Case Study in the Process of Individuation. Nova York: Pantheon, 1961.

BOSNAK, R. *Dreaming with an AIDS Patient*. Boston: Shambhala, 1989 [Reeditado por Delta, em 1997, como *Christopher's Dreams*: Dreaming and Living with AIDS – *Sonhos de um paciente com AIDS*. São Paulo: Paulinas, 1993].

CAROTENUTO, A. *The Vertical Labyrinth*: Individuation in Jungian Psychology. Toronto: Inner City Books, 1981.

JACOBI, J. *The Way of Individuation*. Nova York: New American Library, 1967.

WHEELWRIGHT, J.H. *The Death of a Woman*. Nova York: St. Martin's Press, 1981 [*Em busca da vida*. São Paulo: Siciliano, 1994].

14

Religião

Pelo fato de Jung não ter vivido sua vida intelectual respondendo Freud, comparações entre eles são normalmente úteis só no sentido histórico e não no sentido psicológico ou teórico. Mas quando o assunto é religião, a diferença entre o ponto de vista psicológico dos dois é tão edificante quanto grande, o que explica em larga escala por que as ideias de Jung são encontráveis cada vez com mais frequência num mundo moderno cuja crença na racionalidade foi abalada de muitas maneiras.

Com referência à religião, Freud não foi muito além de seus conceitos de repressão e sublimação, considerando que os desejos incestuosos edipianos foram reprimidos e transformados nos diversos sistemas religiosos praticados pelas pessoas no mundo todo. A religião é, pois, uma espécie de recriação fantasiosa defensiva da situação familiar, na forma de deuses, para subjugar desejos e impulsos inaceitáveis numa forma mais aceitável. O título paradoxal do livro de Freud sobre religião, O *futuro de uma ilusão*, afirma bem sucintamente seu ponto de vista sobre a religião como um resultado ilusório da repressão e da sublimação, que pode ser útil na criação da civilização, ainda que fantástica e irracional, pois implica em uma ilusão sem futuro.

Jung, no entanto, notou vários fatos pertinentes com referência à religião. Em primeiro lugar, não há civilização, presente ou passada, sobre o planeta que não tenha tido uma religião, um conjunto de crenças e rituais sagrados. Por isso, Jung diz que existe um instinto religioso nos seres humanos, uma busca inerente de um relacionamento com Algo ou Alguém que transcende as limitações humanas, um poder maior.

Em segundo lugar, Jung acha que a irracionalidade das crenças religiosas não reduz seu valor intrínseco como fatos psíquicos irrefutáveis. Jung percebeu a grande importância das crenças religiosas para os indivíduos e para sociedades inteiras, uma importância depreciada e subestimada quando essas crenças são rejeitadas como irracionais e ilusórias. Abstendo-se da fé quase religiosa que as pessoas modernas têm na salvação por meio do poder do pensamento racional e da tecnologia, Jung reconheceu que muita coisa da experiência humana foi de fato irracional, inefável e simbólica. Jung acreditava que a psicologia como disciplina poderia ser capaz de trabalhar racional e cientificamente com dados basicamente irracionais, *somente se* esses dados, a religião nesse caso, não fossem rejeitados de antemão, mas levados a sério.

Em terceiro lugar, um conhecimento mais amplo e mais sofisticado dos sistemas mitológicos, de práticas religiosas e de etimologia comparada levou-o a concluir que as crenças religiosas ocidentais, antigas ou modernas, não constituíam nem de longe o todo das religiões do mundo. Ainda que muitos elementos de muitas religiões possam ser interpretados como projeções de conflitos familiares pessoais com os céus numa espécie de transferência cósmica, a grande familiaridade de Jung com as religiões do mundo mostrou-lhe que tudo isso não se devia às crenças religiosas, nem do Ocidente nem do Oriente.

Pelo fato de Jung não rejeitar a religião, mas tomá-la como um fato psíquico de inegável importância na vida individual e coletiva, ele foi acusado de ser um místico, um nefelibata fantasioso, um sonhador não científico. O fato é que Jung sempre tratou a religião como psicólogo e rejeitou tanto o desejo quanto a capacidade de provar a verdade empírica de qualquer credo religioso. Como seus escritos atestam, ele não foi teólogo nem metafísico, mas examinou a im portância simbólica e psicológica da experiência religiosa em grande profundidade sem fazer nenhuma afirmação sobre a verdade objetiva ou sobre a falsidade de qualquer credo. Sua preocupação primeira e única é psicológica, e seu interesse pela religião derivava de seu desejo psicológico de entender as atuações muitas vezes misteriosas da alma em maior profundidade, e não de um desejo de encontrar Deus ou de provar a existência objetiva da realidade transcendente.

A observação de Jung a respeito da universalidade da religião levou-o a vê-la como uma manifestação do inconsciente coletivo. Nessa perspectiva, ele notou que a religião se referia verdadeiramente a duas coisas distintas. Primeiramente, a religião era uma experiência religiosa, o contato direto com o divino, que ele chamava de *numinossum* (termo que tomou emprestado de Rudolph Otto), manifestado em sonhos, visões e experiências místicas. Em segundo lugar, a religião consistia de prática religiosa, doutrinas e dogmas, bem como de ritos e representações, que Jung considerava necessários para proteger as pessoas contra o terrível poder dessa experiência direta do numinoso. Tanto a experiência quanto a prática religiosas eram, para Jung, fenômenos religiosos que tinham sua fonte, interna e externamente, no inconsciente coletivo. Por isso, é difícil separar a discussão de Jung sobre o simbolismo especificamente religioso de sua discussão sobre outros tipos de símbolos, uma vez que todas as manifestações do inconsciente coletivo são de certa forma religiosas, objetos de atenção devota que exigem respeito.

Por separarem a religião das igrejas institucionais e dos credos, por considerarem a religião mais como atitude do que como um conjunto de crenças e por entenderem a religião como um fenômeno psicológico de primeira ordem, os escritos de Jung sobre religião podem ter, em certo sentido, mais efeito sobre os indivíduos modernos que "perderam a fé" do que sobre aqueles que encontraram e praticam uma série de crenças religiosas. Apesar de muitas vezes criticadas e mal-compreendidas, a atitude de Jung para com a religião e suas pesquisas sobre a psicologia da religião estão entre suas mais brilhantes contribuições ao pensamento moderno e resgatam a religião para as pessoas modernas como um aspecto da existência humana ao mesmo tempo vital para a satisfação humana e digno de estudo e compreensão.

Os escritos de Jung sobre a religião, como se pode ver na lista que se segue, são extensos e vão desde as discussões técnicas até as mais populares. Enquanto os artigos mais populares de Jung pretendiam ajudar o grande público a ver que psicologia e religião não eram inimigas, mas tinham muitos pontos de contato, seus estudos mais técnicos do imaginário teológico e religioso no Ocidente estão entre suas conquistas mais famosas (segundo alguns, as mais infames). Por exemplo, "Resposta a Jó", em que Jung luta com o problema do bem e do mal bíblica e psicologicamente, e sua interpretação psicológica do rito e da teologia católico-romanos em "O símbolo da transformação na missa" são famosos pela controvérsia que provocaram. A maioria dos escritos de Jung sobre a religião oriental está interessada na exploração psicológica desses símbolos e na diferenciação entre os modos orientais e ocidentais de pensamento e experiência. Fica claro a partir desses escritos que Jung pretendeu tecer uma crítica àqueles europeus que acreditavam que, rejeitando sua própria herança cultural e religiosa do Ocidente e adotando irrefletidamente crenças e práticas religiosas do Oriente, iriam resolver automaticamente suas questões religiosas e sua intranquilidade.

As ideias de Jung sobre a religião, especificamente sobre o cristianismo, influenciaram profundamente muitos analistas junguianos de tradição religiosa, bem como muitos conselheiros pastorais que trabalhavam em ambientes denominacionais. Entre os junguianos, ninguém mergulhou mais sistematicamente e por mais tempo na relação entre a psicologia de Jung e o cristianismo do que Edward Edinger, e por isso dois de seus livros são listados aqui. O livro de John Dourley, *The Illness That We Are* (*A doença que somos nós*), e uma coletânea de escritos sob um ponto de vista judeu, de Kluger, são incluídos na lista para dar uma visão da cena contemporânea. Mas a lista não poderia ser completa sem incluir a série antológica publicada pela New Falcon e organizada por J. Marvin Spiegelman, que examina sistematicamente as maiores religiões do mundo sob uma perspectiva junguiana.

Para começar

Psicologia e religião, OC 11/1, § 1-168.

"Prefácio ao livro de V. White: *Deus e o inconsciente*", OC 11/6, § 449-467.

"Relações entre a psicoterapia e a direção espiritual", OC 11/6, § 488-532.

"Psicanálise e direção espiritual", OC 11/6, § 539-552.

Presente e futuro, OC 10/1, § 488-588.

"Considerações em torno da psicologia da meditação oriental", OC 11/5, § 908-949.

"A ioga e o Ocidente", OC 11/5, § 859-876.

"Prefácio à obra de Suzuki: *A grande libertação*", OC 11/5, § 877-907.

Para aprofundar

Interpretação psicológica do Dogma da Trindade, OC 11/2, § 169-295.

O símbolo da transformação na missa, OC 11/3, § 296-448.

Resposta a Jó, OC 11/4, § 553-758 e prefácio.

"Comentário psicológico sobre o livro tibetano da grande libertação", OC 11/5, § 759-830.

"Comentário psicológico ao *Bardo Thödol* (o livro tibetano dos mortos)", OC 11/5, § 831-858.

"Comentário a *O segredo da flor de ouro*", OC 13, capítulo I.

"Prefácio ao I Ching", OC 11/5, § 964-1.017.

Obras relacionadas

Aion: Estudos sobre o simbolismo do si-mesmo, OC 9/2.

Presente e futuro, OC 10/1, § 488-588.

Fontes secundárias

DOURLEY, J. *The Illness That We Are*. Toronto: Inner City Books, 1984 [*A doença que somos nós*. São Paulo: Paulinas, 1987].

EDINGER, E.F. *The Christian Archetype*: A Jungian Commentary on the Life of Christ. Toronto: Inner City Books, 1987 [*O arquétipo cristão*. São Paulo: Cultrix, 1989].

_____. *Ego and Archetype*: Individuation and the Religious Function of the Psyche. Baltimore: Penguin Books, 1972 [Boston: Shambhala, 1992 – *Ego e arquétipo*. São Paulo: Cultrix, 1992].

KLUGER, R. *Psyche in Scripture*: The Idea of the Chosen People and Other Essays. Toronto: Inner City Books, 1995.

SIEGELMAN, J.M. *Protestantism and Jungian Psychology*. Tempe: New Falcon, 1996.

_____. *Catholicism and Jungian Psychology*. Tempe: New Falcon, 1995.

_____. *Buddhism and Jungian Psychology*. Tempe: New Falcon, 1995.

_____. *Judaism and Jungian Psychology*. Tempe: New Falcon, 1993.

_____. (org.). *Sufism, Islam and Jungian Psychology*. Tempe: New Falcon, 1991.

_____. Hinduism and Jungian Psychology. Tempe: New Falcon, 1987.

15

Sincronicidade

Desde que Jung introduziu o conceito de sincronicidade em 1951, permaneceu ele entre as mais originais e controversas ideias da psicologia analítica, mas às vezes também uma das mais difíceis de entender. O título da obra de Jung sobre o assunto, *Sincronicidade: Um princípio de conexões acausais*, dá a definição do termo: a sincronicidade é um princípio que liga acontecimentos acasualmente, isto é, mais em termos do significado subjetivo da coincidência do que por causa e efeito. Por isso, entender a sincronicidade e os acontecimentos sincronísticos requer um modo de pensar quase totalmente estranho à cultura ocidental, um modo de pensar que não separa o mundo físico dos acontecimentos psíquicos interiores. Uma expressão que muitas vezes ocorre com relação ao conceito de Jung de sincronicidade é *unus mundus*, termo latino para "mundo único". A sincronicidade exige que se considere o mundo um campo unificado em que sujeito e objeto são fundamentalmente um só, duas manifestações diferentes da mesma realidade básica.

Um mal-entendido comum em relação a esse conceito, e por isso uma crítica comum, mas errada, é que sincronicidade é equivalente a um princípio de atuação mágica, que as ocorrências externas, experimentadas como coincidências significativas são *causadas* de alguma forma pelos processos psíquicos contemporâneos e interiores. O erro está em confundir o que Jung insiste ser um princípio de conexões *acausais* com a conexão *causal* tipicamente ocidental. Se eu, por exemplo, estiver pensando, em dado momento, numa determinada pessoa, e então sugestiva e estranhamente essa pessoa me telefonar, chamar essa coincidência de sincronística não é dizer que meus pensamentos foram a causa da chamada telefônica. Chamar essa coincidência de sincronística, na maneira como Jung define o conceito, é ver a coincidência como uma indicação potencialmente importante de uma conexão psicológica em seu significado para mim. A conexão num acontecimento sincronístico é subjetiva, ao nível do significado pessoal e emocional da coincidência, quando um estado interior se encontra com uma ocorrência externa de uma maneira especialmente poderosa e transformativa.

Jung verificou que a qualidade numinosa dos eventos sincronísticos era derivada do fato de que "o fator emocional tem um papel importante" nessas ocorrências e que "coincidências significativas – que devem ser diferenciadas dos agrupamentos casuais sem sentido – parecem, portanto, basear-se numa fundação arquetípica". A qualidade de sentimento que acompanha os eventos sincronísticos talvez seja a característica mais admirável de tais eventos. Segundo Jung, a qualidade de sentimento produzida por um evento sincronístico e a energia psíquica que ele evoca encontram sua fonte no estrato de interconexões psíquicas que Jung chamava de inconsciente coletivo.

Sincronicidade: Um princípio de conexões acausais é facilmente acessível a um leitor comum, ao contrário de muitas outras obras de Jung. O capítulo 2, "Um experimento astrológico", é especialmente interessante, e pode, entretanto, necessitar de um comentário introdutório. Jung toma o mapa astral de 180 casais e faz uma análise estatística para ver se as suposições astrológicas tradicionais a respeito das conjunções planetárias das pessoas casadas é realmente confirmada pelas informações em um nível de significância maior do que o do acaso. O que Jung descobre é que as suposições astrológicas tradicionais de fato ocorrem numa frequência impressionante na amostragem, mas, a partir disso, ele conclui não que um fator causal esteja atuando aí, mas que a empolgação e o interesse *dele próprio* no projeto influenciaram os resultados de uma forma que coincidia com as ideias astrológicas tradicionais. Sendo assim, sem uma leitura cuidadosa, pode-se supor (como muitos fizeram equivocadamente) que Jung estivesse buscando uma prova pseudocientífica da astrologia, enquanto Jung na verdade usava seu experimento para mostrar que o interesse emocional de uma pessoa pode até parecer influenciar dados pressupostamente científicos de modo a corroborar as expectativas inconscientes dela mesma.

Os artigos em "Para aprofundar" não foram listados devido à sua dificuldade – na verdade, são bem fáceis de ler –, mas porque dão uma noção mais completa das ideias de Jung sobre a sincronicidade. O primeiro é uma palestra curta sobre sincronicidade dada na Conferência Eranos de 1951, que precedeu a publicação da maior parte das obras de Jung. O segundo é a muito conhecida introdução de Jung à tradução do *I Ching*, de seu amigo Richard Wilhelm, na qual Jung explora os usos sincronísticos aos quais esse livro chinês da sabedoria tem sido aplicado e relata os resultados de quando ele mesmo jogou o I Ching. As duas últimas leituras são trechos curtos do volume 18, a coletânea de diversos artigos que não foram incluídos nos outros volumes da *Obra Completa*.

Já que, provavelmente, nunca terá fim a discussão sobre sincronicidade, que ganhou proeminência ultimamente com uma série de livros que levam o conceito a todos os tipos de direções, as fontes secundárias listadas praticamente se limitam às ideias e abordagens do próprio Jung.

Para começar

Sincronicidade, OC 8/3, § 816-958.

Para aprofundar

"A sincronicidade", OC 8/3, § 959-987.

"Prefácio ao *I Ching*", OC 11/5, 964-1.017.

"Um experimento astrológico", OC 18/2, § 1.174-1.192.

"Cartas sobre sincronicidade", OC 18/2, § 1.193-1.212.

Obras relacionadas

Alhures neste livro, cf. as listas de leitura do capítulo 33, "Fenômenos ocultos".

Fontes secundárias

AZIZ, R. *C.G. Jung's Psychology of Religion and Synchronicity.* Albany: State University of New York Press, 1990.

BOLEN, J.S. *The Tao of Psychology*: Sinchronicity and the Self. São Francisco: Harper & Row, 1979 [*A sincronicidade e o Tao.* São Paulo: Cultrix, 1991].

HOPCKE, R.H. *There Are No Accidents*: Synchronicity and the Stories of Our Lives. Nova York: Riverhead, 1997 [*Sincronicidade ou por que nada é por acaso*. Rio de Janeiro: Nova Era, 1999].

VON FRANZ, M.-L. *On Divination and Synchronicity*: The Psychology of Meaningful Chance. Toronto: Inner City Books, 1980 [*Adivinhação e sincronicidade*. São Paulo: Cultrix, 1985].

PARTE II
Figuras arquetípicas

16

Eu

Antes de examinar os arquétipos especificamente, somos obrigados a mencionar o conceito de Jung do complexo do eu, ao qual Jung se refere às vezes como o si-mesmo (com *s* minúsculo), consciência do eu ou simplesmente eu. Como o uso freudiano do termo se tornou o mais comum, denotando uma estrutura psíquica que media as exigências da sociedade (o superego) e os desejos instintivos (o id), alguém pode supor, incorretamente, que o uso de Jung do conceito é igual ou similar a esse. Para Jung, o eu é um complexo, um grupo de representações, modulado pelos sentimentos de uma pessoa, que tem aspectos tanto conscientes quanto inconscientes e é, ao mesmo tempo, pessoal e coletivo. Para colocar de forma simples, talvez simples demais, o eu é como uma pessoa se vê, junto com os sentimentos conscientes e inconscientes que acompanham essa visão.

Jung nunca descarta a importância do eu no desenvolvimento humano; afinal, o eu representa a autoconsciência difícil de se obter que nos torna humanos. Ele indica consistentemente, no entanto, que o eu é um dos muitos complexos dentro da psique e, às vezes, um complexo que se apoia sobre um terreno instável. Se comparado com a perenidade de outros dominantes arquetípicos no interior da psique, o eu da humanidade moderna é um personagem relativamente recém-chegado à cena e, portanto, está propenso a ser assoberbado, por assim dizer, por outros complexos de carga mais poderosa. No mais benigno de tais casos, o resultado da subjugação do eu pode ser a simples exclamação: "Nossa! Eu não fui eu mesmo ontem à noite! O que deu em mim?" Na pior das instâncias, o resultado pode ser a psicose, a neurose ou a histeria coletiva numa escala maior. Sendo assim, a visão de eu de Jung relativiza radicalmente nossa autoconsciência e nosso senso de importância cósmica, mostrando que nosso "si-mesmo" reside em um universo psíquico que é maior do que a nossa própria vigília frágil, fugaz em sua autoimagem e consciente.

Já que esse complexo do eu é dificilmente a quintessência da existência humana, mas, em vez disso, um grupo de autorrepresentações que é altamente importante algumas vezes e apenas relativamente importante em outras, Jung tinha muitas objeções psicológicas à idealização moderna do eu ou do próprio indivíduo. Os escritos dele mostram como o eu, se ele carrega a consciência, deve fazer isso com *completa* consciência, reconhecendo suas limitações humanas e os fatores inconscientes, positivos e negativos, que o afetam.

Por esse motivo, Jung explorou extensivamente a relação entre o eu e o que ele chamou de Si-mesmo, o arquétipo da totalidade dentro do inconsciente coletivo. Se nosso eu perdeu contato com o Si-mesmo, sentimentos perturbadores de alienação aparecem junto – falta de sentido, talvez depressão, e sensação de desorientação, de falta de direção e de esperança – a sentimentos que parecem tão frequentemente caracterizar as vidas contemporâneas. Por outro lado, se nosso eu se conectou intimamente demais ao Si-mesmo, transferindo a nós mesmos as infinitas possibilidades e o poder dinâmico do Si-mesmo psíquico mais amplo, o resultado é o que Jung chamou de inflação, uma sensação de grandiosidade exibicionista, uma visão irrealista da própria pessoa como alguém onipotente, onisciente e inatingível. Esse é o eu daquelas famosas figuras culturais, os egomaníacos e os egotistas.

Tudo isso deve esclarecer por que, na *Obra Completa*, Jung consistentemente discute o eu em relação a outros aspectos da psique. Nunca se deu um tratamento monográfico extenso ao eu, mas já se traçou uma figura relativizada e mais abrangente de como o eu se encaixa num panorama mais amplo. Na lista de leituras, em "Para começar", estão incluídas a definição de eu que Jung dá ao final de *Tipos psicológicos* e a pequena seção sobre o eu que Jung escreveu como prefácio a seu estudo mais amplo do Si-mesmo, *Aion*. "Considerações teóricas sobre a natureza do psíquico" dá uma boa visão geral do concepção de eu de Jung e de sua relação com a consciência e a inconsciência, assim como o breve artigo "A importância da psicologia analítica para a educação", que indica como Jung pensava a respeito do desenvolvimento e do surgimento do eu numa criança individualmente.

"Para aprofundar" lista a análise mais extensa que Jung fez do eu. "O eu e o inconsciente", contido no volume 7 da *Obra Completa*, "Estudos sobre psicologia analítica", um volume que representa uma importante base teórica para a psicologia de Jung. Também indicado, para aqueles cujo interesse for estudar mais a fundo, é o apêndice a "O eu e o inconsciente", intitulado "A estrutura do inconsciente", que revela preliminarmente pensamentos sobre temas que Jung desenvolveu mais em outras obras. Como o arquétipo do herói é tão frequentemente um símbolo da consciência do eu emergindo da matriz do inconsciente primordial, a lista das "Obras relacionadas" inclui a análise mais extensa que Jung fez desse material, a parte 2 de *Símbolos da transformação*.

Como fontes secundárias, o livro clássico de Edward Edinger, *Ego and Archetype* (*Ego e arquétipo*), é uma excelente análise do lugar do eu dentro da psicologia junguiana. Da mesma forma, o algo formidável volume *The Origins and History of Consciousness* (*História da origem da consciência*), de Neumann, preocupa-se com o modo como a consciência do eu surge a partir do inconsciente, como ela se desenvolve e por que estágios ela passa, e como esse processo psíquico foi representado mitologicamente através dos tempos.

Para começar

Tipos psicológicos, OC 6, esp. cap. 11, "Definições", em "Eu", § 796.

Aion, OC 9/2, esp. cap. 1, "O eu", § 1-12.

"Considerações teóricas sobre a natureza do psíquico", OC 8/2, § 343-442.

"A importância da psicologia analítica para a educação", OC 17, § 98-126.

Para aprofundar

O eu e o inconsciente, OC 7/2, § 202-406 e prefácio.

"A estrutura do inconsciente", OC 7/2, p. 255-294.

Obras relacionadas

Símbolos da transformação, OC 5, esp. parte 2, § 176-685.

Fontes secundárias

EDINGER, E.F. *Ego and Archetype*: Individuation and the Religious Function of the Psyche. Baltimore: Penguin Books, 1972 [Boston: Shambhala, 1992 – *Ego e arquétipo*. São Paulo: Cultrix, 1992].

NEUMANN, E. *The Origins and History of Consciousness*. Princeton: Princeton University Press, 1954 [*História da origem da consciência*. São Paulo: Cultrix, 1990].

17

Sombra

Utilizar imagens do mundo material para descrever fatos psíquicos é geralmente a sina infeliz, mas necessária, dos psicólogos, já que o objeto do estudo deles sempre será imaterial e psíquico, e estará além da simples matéria. No caso da sombra, essa necessidade metafórica se torna uma virtude, pois podemos entender o conceito de Jung de sombra melhor se levarmos a metáfora física muito a sério. Assim como qualquer luz brilhante sempre projeta sombra em algum lugar, o brilho da consciência do eu sempre projeta uma sombra sobre a personalidade de um indivíduo, uma sombra que tem a mesma relação com o poder e as potencialidades do eu que um negativo fotográfico tem com a foto em si.

Aqueles aspectos desagradáveis e imorais de nós mesmos que gostaríamos de fingir que não existem ou que eles não têm efeitos sobre nossa vida – nossas inferioridades, nossos impulsos inaceitáveis, nossos atos e desejos vergonhosos – formam um lado sombrio de nossa personalidade que é difícil e doloroso de assumir. Ele contradiz aquela pessoa como a qual gostaríamos de nos ver, a qual gostaríamos de parecer sermos aos olhos dos outros. Nossa percepção egoística de nós mesmos, nossa autonomia e nossa probidade sentem sua autoridade desafiada por essa sombra e sente a proximidade da sombra como uma ameaça, um irmão ou uma irmã tenebrosos continuamente nos nossos calcanhares, inconvenientes, irritantes, causadores de ansiedade e vergonhosos.

Por esse motivo, Jung mencionou como essa sombra e todas as suas qualidades normalmente caem na inconsciência ou podem até ser ativamente e implacavelmente suprimidas para manter a gentileza santimonial de nossa perfeição ilusória. A inconsciência, no entanto, não rouba nem a existência nem o poder da sombra, assim como ignorar nossa sombra física não impede que ela faça sombra sobre quem ou o que quer que atravesse o caminho dela. Na verdade, Jung viu como essa sombra psíquica, quando reprimida ou denegada, continua a operar nos bastidores, causando todos os tipos de comportamentos neuróticos e compulsivos. Jung também observou que, em vez de reprimir ou denegar a sombra, nós também podemos projetá-la sobre outros, atribuindo a outras pessoas aquelas qualidades sórdidas e repugnantes que nós gostaríamos de negar em nós mesmos. A projeção da sombra pode, com isso, resultar em paranoia, suspeição e falta de intimidade, todos afligindo indivíduos, grupos de pessoas e até nações inteiras. Longe de resolver o problema, as projeções da sombra agem apenas exacerbando a qualidade incômoda desse lado obscuro da nossa alma, injetando uma espécie de veneno nas relações interpessoais por meio de uma denegação moralista e de percepções distorcidas.

Jung defendia a necessidade psíquica de reconhecer a sombra interior, por mais embaraçosa ou aflitiva que fosse, admitindo suas qualidades desagradáveis e seu comportamento ofensivo, chegando a um acordo com a injúria e a desordem dela, assumindo o caráter dela como sendo nosso e de mais ninguém. Os relatos psicoterápicos de Jung demonstram como o processo de individuação quase sempre começa com essa humilde integração da sombra à noção consciente que a pessoa tem de si mesma, a primeira e mais importante tarefa no caminho para a saúde psíquica. Trazer a sombra à consciência despotencializa-a, como diria Jung, priva-a de seu poder, já que a elevação da consciência arrasta todos os impulsos e todas as fantasias da sombra há muito escondidos para o domínio da escolha moral, para que a pessoa enfrente as decisões éticas em geral difíceis e a autodisciplina repugnante às vezes evitada por meio da neurose.

Jung considerava a sombra um aspecto do inconsciente coletivo, já que o eu de todo mundo projeta uma sombra correspondente dentro da psique, mas ele também admitia que o caráter da sombra de um indivíduo é altamente influenciado por fatores pessoais e culturais. Enquanto a relação próxima da sombra com o eu pode facilitar sua integração à consciência, o conhecimento verdadeiro da sombra é uma tarefa que nunca se completa na verdade. Como figura arquetípica, a sombra não é, na verdade, um problema a ser resolvido, mas uma entidade interior a ser explorada, conhecida e reconhecida como uma parte de nossa vida psíquica e comunal.

O outro sentido da sombra que aparece nos escritos de Jung, especialmente em suas discussões sobre religião e cristianismo, está relacionada às sombras da psique individual, mas vai consideravelmente além disso para a que é melhor chamada de sombra objetiva, a sombra como o arquétipo da própria escuridão, o mal absoluto que, coloca Jung, deve existir no inconsciente coletivo como a única contrapartida lógica à luz brilhante do bem absoluto. Essa sombra objetiva, essa escuridão projetada pelo brilho de Deus como o Si-mesmo, é o que Jung considera denegado, reprimido e projetado pela doutrina da teologia cristã, e a discussão incansável de Jung com a exclusão dogmática da sombra objetiva do cristianismo permeia muitas de suas obras. O apelo dele para que o diabo fosse aceito como uma realidade, a visão dele de que apenas essa quaternidade sombria e diabólica poderia completar verdadeiramente a totalidade que falta na Trindade cristã do bem em três faces e a atração dele pelos muitos escritos não canônicos sobre o lugar da sombra objetiva do mal no universo, todos esses, o renderam uma reputação de gnóstico, um pensador para quem a dualidade de bem e mal parecia uma representação melhor da real condição psíquica da humanidade do que a concepção cristã de vida e alma. Essa sombra como arquétipo *por si só*, arquétipo como tal, é o segundo e, talvez, mais revolucionário conceito de sombra por parte de Jung, a fundação sobre a qual se ergue a sombra de um indivíduo, o "lado negro da força" que encontramos repetidas vezes sobre o palco mundial do século XX.

Os escritos listados aqui cobrem todos esses aspectos da exploração que Jung faz da sombra, a começar pela sua definição psicológica e seu lugar na vida inconsciente do indivíduo, passando, então, para os escritos principais de Jung sobre o lugar da sombra nos horrores da Segunda Guerra Mundial e no contexto do cristianismo. Como a figura do *Trickster* dentro da psique muitas vezes funciona como o portador da sombra, o artigo de Jung sobre o *Trickster* está elencado em "Obras relacionadas". A excelente série de seminários de Marie-Louise von Franz sobre a sombra no indivíduo e nos contos de fadas representa como os seguidores de Jung compreendiam e usavam o conceito da sombra na psicologia analítica. Como a função inferior do indivíduo, segundo a teoria de Jung dos tipos psicológicos, normalmente leva a sombra em consideração, como psicólogos analíticos costumam dizer, a palestra de von Franz "A função inferior", em *Jung's Typology* (*A tipologia de Jung*), serve para enriquecer nossa compreensão da sombra na vida cotidiana. Obras mais contemporâneas sobre o assunto são representadas pelos livros de Brinton-Perera e Sanford, e pela ativa miscelânea de junguianos e outros autores na antologia *Meeting the Shadow* (*Ao encontro da sombra*).

Para começar

Aion, OC 9/2, esp. cap. 2, § 13-19.

Os arquétipos do inconsciente coletivo, OC 9/1, § 1-86.

"Os problemas da psicoterapia moderna", OC 16, § 114-174.

Para aprofundar

"Depois da catástrofe", OC 10/2, § 400-443.

"A luta com as sombras", OC 10/2, § 444-457.

"Posfácio a 'Ensaio sobre história contemporânea'", OC 10/2, § 458-487.

"Resposta a Jó", OC 11/4, § 552-758 e prefácio.

Obras relacionadas

"Psicologia da figura do *Trickster*", OC 9/1, § 456-488.

Fontes secundárias

BRINTON-PERERA, S. *The Scapegoat Complex*: Toward a Mythology of Shadow and Guilt. Toronto: Inner City Books, 1986 [*O complexo de bode expiatório*. São Paulo: Cultrix, 1991].

SANFORD, J.A. *Evil*: The Shadow Side of Reality. Nova York: Crossroad, 1987 [*Mal*: O lado sombrio da realidade. São Paulo: Paulus, 1988].

VON FRANZ, M.-L. *Shadow and Evil in Fairy Tales*. Dallas: Spring. Boston, Shambhala, 1995 [*A sombra e o mal nos contos de fadas*. São Paulo: Paulinas, 2002].

_____. "A função inferior". In: VON FRANZ, M.-L. & HILLMAN, J. *Jung's Typology*. Nova York: Spring, 1971 [*A tipologia de Jung*. São Paulo: Cultrix, 1995].

ZWEIG, C. & ABRAMS, J. (orgs.). *Meeting the Shadow*. Nova York: Tarcher, 1991 [*Ao encontro da sombra*. São Paulo: Cultrix, 1999].

18

Persona

A vida humana inteira não é vivida nas profundezas. Tão vitais quanto os movimentos do inconsciente são para a existência humana, a atenção consciente e a qualidade da vida cotidianas nunca serão substituídas como componentes legítimos e necessários da totalidade humana. Apesar de toda a psicologia profunda, grande parte da abordagem de Jung e muitos de seus conceitos não são de maneira alguma místicos nem improváveis. Como um aspecto da psique pessoal e coletiva, a persona pode ser considerada um dos conceitos menos abstrusos e mais práticos de Jung. Termo que, em latim, significa máscara de um ator, que, por sua vez, representa o papel dele dentro de uma peça, persona, segundo o significado psicológico cunhado por Jung, é aquela parte da personalidade desenvolvida e usada em nossas interações, nossa face externa consciente, nossa máscara social. Nossa persona pode ser uma face bem desenvolvida e socialmente adaptada – o escritor famoso, a esposa dedicada, o jovem executivo em ascensão – ou, pelo contrário, uma face bem desenvolvida, mas socialmente desajustada – o artista rebelde, a pessoa irritante que vive discutindo, o mesquinho teimoso – mas, ainda assim, essa é a persona, a face e o papel mostrados aos outros e usados para dar forma à imagem exteriormente visível que fazemos de nós mesmos.

Muitos dos comentários de Jung sobre a persona tiveram a qualidade de desdém pela persona, como um segmento inferior ou desinteressante da psique, e essa visão derrogativa da persona parece baseada amplamente na psicologia pessoal de Jung, especialmente na introversão dele e no foco direcionado para seu interior em suas pesquisas psicológicas. Também fica claro a partir dos escritos dele sobre a persona que, como analista, Jung encontrou muitas pessoas que haviam, em detrimento delas mesmas, se identificado com sua persona, em negligência de sua vida interior, acreditando serem nada mais do que a posição social ou as conquistas profissionais exteriores delas. Essa identificação com a persona, como Jung denominava, não era infrequentemente a causa das próprias turbulências psicológicas que haviam levado o paciente à porta do consultório dele. Sendo assim, pode-se ter a impressão, ao ler Jung (e também muitos de seus seguidores), de que a persona é, de certo modo, indesejável, algo a ser estilhaçado ou abolido, um falso Si-mesmo.

Na verdade, apesar das avaliações negativas, Jung reconhecia a importância da persona por mais superficial que fosse sua natureza psicológica. Jung via que a persona funciona como um mediador entre o mundo externo e o eu, um mediador comparável em importância a *anima/animus*, que serve de mediador entre o eu e o inconsciente. Por esse motivo, Jung considerava a persona como um segmento coletivo da psique, já que a persona cria sua forma e sua função a partir da relação com a realidade exterior e coletiva. Longe de estilhaçar a persona, Jung a via como um setor vital da personalidade que dá ao indivíduo um receptáculo, uma capa protetora para o Si-mesmo interior dele.

Devido à essa função protetora, questões que dizem respeito à persona de alguém geralmente surgem, nos sonhos, em situações ou acontecimentos envolvendo roupas e maquiagem: nós nos vemos experimentando vários chapéus num armário cheio de vestidos deslumbrantes; nós nos vemos andando nus por uma rua da cidade a caminho de uma prova; nós entramos numa importante reunião de negócios sem calças. Como nossas roupas e maquiagem externas, a persona pode ser exagerada e insubstancial, uma forma de fingir que somos alguém que não somos, ou pode ser insuficiente e inadequada, nos deixando expostos e vulneráveis. No melhor dos casos, a persona é apropriada e de bom gosto, um reflexo verdadeiro de nossa individualidade interna e nosso senso exterior de nós mesmos. Portanto, a persona é como muitas das figuras arquetípicas que encontramos na *Obra Completa*, com aspectos tanto positivos quanto negativos, úteis algumas vezes e impeditivos outras.

As leituras sobre o tema revelam que a persona não recebeu um alto grau de atenção constante. A definição de Jung de persona no capítulo 11 de *Tipos psicológicos* aparece dentro da discussão dele sobre a psique e, similarmente, Jung discute a persona com mais detalhes em "O eu e o inconsciente", um dos *Estudos sobre psicologia analítica*. Quanto às fontes secundárias, o mesmo ocorre, sendo o único livro que se dedica detalhadamente ao tema em inglês o de uma analista da primeira geração, Jolande Jacobi, *Masks of the Soul*, que não se concentra tão exclusivamente na própria persona, apesar de seu título evocativo. O meu próprio livro é uma tentativa de mostrar como podem ser relevantes a persona e suas vicissitudes pessoal, social e coletiva.

Para começar

Tipos psicológicos, OC 6, esp. cap. 11, "Definições", em "Alma [psique, personalidade, persona, *anima*]", § 752-762.

Para aprofundar

O eu e o inconsciente, OC 7/2, § 202-220.
"A estrutura do inconsciente", OC 7/2, p. 255-294.

Fontes secundárias

HOPCKE, R.H. *Persona*: Where Sacred Meets Profane. Boston: Shambhala, 1995.

JACOBI, J. *Masks of the Soul*. Grand Rapids: William B. Eerdmans, 1976.

19

Anima/animus

A descoberta de Jung de *anima/animus* como um arquétipo do inconsciente coletivo permanece uma de suas contribuições singulares para o conhecimento humano e certamente uma de suas mais criativas. A partir de seu trabalho clínico, as experiências dentro de sua própria família e de suas próprias autoexplorações, Jung observou que, por trás de sua personalidade consciente masculina, parecia haver um lado feminino inconsciente com seu próprio caráter particular e seus próprios modos particulares de agir. De fato, Jung viu que esse lado mais brando, caloroso, emocional e espiritual por trás da masculinidade consciente de um homem tinha certa autonomia e certa coerência que o tornava algo nada diferente de uma mulher interior, especialmente porque, em sonhos, fantasias e projeções, esse lado da masculinidade dele realmente assumia a forma simbólica de uma mulher. Do mesmo modo, como Jung relata em sua autobiografia, *Memórias, sonhos, reflexões*, ele observava na mãe dele (e subsequentemente em outras mulheres também) duas personalidades: a primeira era uma personalidade normal e cotidiana, enquanto a segunda era uma personalidade mais misteriosa, mas muito real, que parecia se assemelhar a um lado masculino inconsciente da feminilidade consciente dela, um lado com traços e modos de comportamento geralmente atribuídos aos homens, como implacabilidade, racionalidade, poder, e uma espécie de qualidade decidida e opinativa que estava em desacordo com a autoapresentação normal e maternal.

Como essas subpersonalidades existiam no nível inconsciente e, pela experiência de Jung, pareciam universalmente presentes, Jung acreditava que elas fossem arquétipos do inconsciente coletivo. Ele chamou a contraparte feminina do homem de *anima*, termo em latim para alma, e a contraparte masculina da mulher de *animus*, ou alma masculina. Tomados juntos, consequentemente, Jung chamou esse par de arquétipos contrassexuais, para denotar como a *anima* e o *animus* são modos simbólicos de percepção e comportamento que são representados por figuras do sexo oposto dentro da psique de um indivíduo. Como eram inconscientes, a feminilidade ou a masculinidade representadas por *anima* ou *animus*, observou Jung, eram geralmente mal desenvolvidas, e, por essa razão, Jung às vezes se referia a *anima* como a feminilidade inferior de um homem e a *animus* como a masculinidade inferior de uma mulher, usando a palavra *inferior* com o duplo sentido de estar por trás da personalidade consciente de alguém e de funcionar de modo imperfeito.

Apesar dessa inferioridade de dois lados, esses arquétipos contrassexuais, para Jung, pareciam ter o papel de guia para o inconsciente, de mediador/mediatriz entre o eu de uma pessoa e a vida interior dela, convidando-a e guiando-a para uma compreensão mais profunda do mundo inconsciente dela.

Evidências dessa função mediadora de *anima/animus* Jung encontrou nos sonhos de seus pacientes, nos quais figuras de *anima/animus* regularmente serviam como companheiros e auxiliares ao sonhador, aludindo a inumeráveis lendas folclóricas e obras literárias nas quais uma figura do sexo oposto , um Outro, conduz o herói ou a heroína ao seu objetivo no final da história. Mas Jung encontrou evidências quanto a *anima/animus* no modo como certos indivíduos pareciam se identificar com esses arquétipos ou ser dominados por *anima/animus* – homens se comportando como mulheres de humor instável e estereotipicamente histéricas, e mulheres possuídas por um espírito masculino estereotipado demais de vontade doentia e fome de poder – enquanto outros indivíduos pareciam primariamente projetar essas figuras interiores em indivíduos idealizados do outro sexo – homens remodelando a namorada ou a esposa à imagem de Nossa Senhora, mulheres continuamente procurando pelo cavaleiro branco de armadura brilhante.

O conceito de *anima*/*animus* está, por isso, entre os mais importantes de Jung, no sentido em que ele permite explicações de fenômenos que seriam de difícil compreensão sob outra ótica. Se o sexo oposto fosse, de fato, totalmente contrário e diferente, essa poderia ser a causa de tal atração eterna e duradoura, a não ser que o sexo oposto representasse algo incompleto, algo a ser conhecido e vivenciado dentro da própria pessoa, uma figura interna que luta pela completude e o relacionamento? Jung entendia *anima*/*animus* principalmente a partir dos limites dos padrões estereotipados de masculinidade e feminilidade característicos do início do século XX. Como o pensamento contemporâneo sobre masculinidade e feminilidade mudou, expandiu-se e até, em algum nível, tornou-se mais confuso, existe similarmente uma variedade de entendimentos e de expansões do conceito de *anima*/*animus* por parte de junguianos posteriores: A *anima* é sempre a fêmea, e o *animus* sempre o macho? A *anima* sempre encarna o Eros do homem, e o *animus* o Logos da mulher? Como as manifestações simbólicas de um arquétipo – especialmente os papéis e estereótipos sociais relacionados a homens e mulheres – são modelados pela cultura? A descoberta e nomeação que Jung fez desses arquétipos contrassexuais levanta essas questões sem resolvê-las plenamente, tornando *anima*/*animus* talvez um dos conceitos mais evocativos e bem explorados de todos os de Jung.

Um modo especial pelo qual Jung usava o conceito de *anima*/*animus*, notavelmente em seus primeiros escritos, está relacionado à raiz linguística dos termos – *anima*/*animus* como imagem da alma, a personificação íntima da psique de uma pessoa, não simplesmente como o lado feminino ou o lado masculino das pessoas. Esse uso do termo resume muito bem a importância de *anima/animus* psicologicamente falando, já que isso une as diversas linhas dessa constelação arquetípica: a alma como mediadora entre o Si-mesmo e o eu, entre uma pessoa e outra; a alma como o manancial de verdadeiro parentesco e poder criativo; a alma como a fonte de nossa identidade e de nossa realização.

É apenas um pouco de exagero dizer que raramente Jung escreveu qualquer coisa sem se referir a *anima/animus*, e as referências a *anima/animus* equivalem a cinco páginas dos índices gerais da *Obra Completa*. As leituras listadas aqui incluem apenas aqueles escritos nos quais Jung voltou sua atenção totalmente para a explicação desses arquétipos. Em "Obras relacionadas", encontram-se aqueles artigos sobre diversos tópicos que tratam de *anima/animus* bem extensivamente. Três fontes secundárias que dão uma boa indicação do desenvolvimento do pensamento junguiano sobre *anima/animus* são *Animus and Anima* (*animus e anima*), da esposa de Jung, Emma Jung; o clássico junguiano *Anima as Fate*, de Cornelia Brunner; e o *tour de force* de James Hillman sobre o assunto, *Anima: The Anatomy of a Personified Notion* (*Anima: anatomia de uma noção personificada*). A obra de Hillman é, na verdade, três livros em um, consistindo de um ensaio extenso sobre os vários aspectos da *anima*, acompanhado por citações relevantes de Jung e seguido por notas que servem de bibliografia. O estudo de Jonh Sanford de *anima/animus* em *The Invisible Partners* (*Os parceiros invisíveis*) talvez seja a mais objetiva de todas as fontes secundárias e a mais fácil de ler para indivíduos não familiarizados com a psicologia junguiana, e o livro de Ulanov fornece uma discussão mais atual, apesar de ser mais técnica, sobre o conceito.

Para começar

Aion, OC 9/2, esp. cap. 3, "Sizígia: *Anima* e *animus*", § 20-42.

Tipos psicológicos, OC 6, cap. 11, "Definições", em "Alma", § 752-761, e em "Imagem da alma", § 49-103.

Para aprofundar

O eu e o inconsciente, OC 7/2, esp. Parte 2, cap. 2, "*Anima* e *animus*" § 296-340.

"O arquétipo com referência especial ao conceito de *anima*", OC 9/1, § 111-147.

"A mulher na Europa", OC 10/3, § 236-275.

"Alma e terra", OC 10/3, § 49-103.

Obras relacionadas

"O casamento como relacionamento psíquico", OC 17, § 324-345.

Psicologia e religião, OC 11/1, esp. seções 1 e 2, § 1-107.

"Comentário a 'O segredo da flor de ouro'", OC 13, esp. cap. 3, "Os fenômenos do caminho", § 46-63.

"Aspectos psicológicos do arquétipo materno", OC 9/1, § 148-198.

Símbolos da transformação, OC 5, esp. parte 2, cap. 7, "A dupla mãe", § 464-612.

"A psicologia da transferência", OC 16/2, esp. seção 2, "O rei e a rainha", § 410-449.

Fontes secundárias

BRUNNER, C. *Anima as Fate*. Dallas: Spring, 1986.

HILLMAN, J. *Anima*: The Anatomy of a Personified Notion. Dallas: Spring, 1985 [*Anima*: Anatomia de uma noção personificada. São Paulo: Paulus, 1986].

JUNG, E. *Animus and Anima*. Nova York: Spring, 1957 [*Animus e Anima*. São Paulo: Cultrix, 1995].

SANFORD, J.A. *The Invisible Partners*. Nova York: Paulist Press, 1980 [*Os parceiros invisíveis*. São Paulo: Paulus, 1986].

ULANOV, A. & ULANOV, B. *Transforming Sexuality*: The Archetypal World of *Anima* and *Animus*. Boston: Shambhala, 1994.

20

Si-mesmo

Para Jung, o complexo do eu não apenas existe associado a outros complexos da psique, mas retira sua estabilidade e seu crescimento de um senso mais amplo e completo de totalidade humana, que Jung via como arquetipicamente embasada. Esse arquétipo de totalidade, ele chamou de si-mesmo. Mesmo que os editores da *Obra Completa* não maiusculizem *si-mesmo*, estejam eles se referindo ao arquétipo ou simplesmente ao eu individual de alguém – deixando que o contexto do trecho indique que significado era intencionado –, em inglês, desenvolveu-se a convenção de se referir ao eu individual como o *si-mesmo*, com *s* minúsculo, e ao arquétipo como o *Si-mesmo*, com *S* maiúsculo. A maiusculização de *Si-mesmo* em sua denotação arquetípica se deve tanto à clareza da terminologia quanto a motivos psicológicos, já que o Si-mesmo é isto, na visão de Jung: o arquétipo de um princípio organizador e supraordinário de individualidade psíquica.

Jung descobriu símbolos do Si-mesmo arquetípico em muitos dos sistemas religiosos do mundo, e os escritos dele se sustentam como testemunha do contínuo fascínio dele por esses símbolos de completude e integração: o passado paradisíaco de unidade não rompida simbolizada pelo Jardim do Éden ou pela Era Dourada do Olimpo; o mitológico Ovo Cósmico do qual toda a criação teria saído; o Homem Original hermafrodita, ou *antropos*, que representa a huma-

110

nidade antes de sua queda e degradação, ou o ser humano em seu estado mais puro, como Adão, Cristo e Buda; os mandalas da prática religiosa asiática, aqueles círculos extraordinariamente belos dentro de quadrados, usados como foco de disciplina meditativa, com a intenção de levar o indivíduo a uma consciência maior de toda a realidade. Como psicólogo, mais do que como filósofo ou teólogo, Jung notou que esse arquétipo organizador de totalidade era particularmente bem apreendido e desenvolvido por meio de imagens especificamente religiosas, e ele, então, veio a compreender que a manifestação psicológica do Si-mesmo era realmente a vivência de Deus ou da "Imagem-Deus dentro da alma humana". Obviamente, Jung não pretendia reduzir a todo-poderosa e transcendente entidade divina a uma experiência psicológica, um mero arquétipo do inconsciente coletivo humano; em vez disso, o objetivo dele era mostrar como a imagem de Deus existe dentro da psique e age de modo apropriadamente semelhante ao de Deus, seja a crença em Deus da pessoa consciente ou não.

Mais adiante, Jung percebeu que, se a psique é um fenômeno natural e intencional, muita dessa intencionalidade parecia centrada na ação do Si-mesmo arquetípico dentro dela. A significância de eventos, o mistério de intervenções e soluções que aparecem no meio de situações problemáticas, os fenômenos sincronísticos nos quais estranhas coincidências resultam na transformação de atitudes prévias – todas essas ocorrências psíquicas Jung atribuiu a manifestações do Si-mesmo, pois tais fenômenos esclareciam e facilitavam um sentido com maior englobamento da existência de uma pessoa. A inferência natural a essa observação é que a análise psicológica ajuda a forjar uma maior conexão do indivíduo com o Si-mesmo, moderando a inflação ou a alienação que ocorre quando o eu individual está identificado intimamente demais com ou está fora de alcance demais do Si-mesmo e de seu poder integrador.

A natureza do Si-mesmo como a imagem psicológica da transcendência torna grande parte dos escritos de Jung sobre esse arquétipo difícil de acompanhar, já que os trechos relevantes normalmente ocorrem dentro do contexto do imagístico religioso ou em discussões sobre o processo de individuação. A obra-prima de Jung sobre o simbolismo cristão, *Aion*, cujo subtítulo é "Estudos sobre o simbolismo do si-mesmo", é o estudo mais extenso das ideias dele sobre o Si-mesmo, mas pode ser difícil de ler. Em "Para começar", portanto, estão listadas as definições de Jung para Si-mesmo em *Tipos psicológicos*, seguidas por duas seções de *Aion* que não requerem preparação nem grandes pesquisas. Para explorar mais o tema, é preciso se embrenhar em leituras que não lidam com o Si-mesmo diretamente, mas abordam o tema por meio de exames detalhados de simbolismo tirado de religião, prática clínica e outras fontes. Mais surpreendente para um leitor não familiarizado com a *Obra Completa* pode ser a investigação por parte de Jung de objetos voadores não identificados (singular e imparcialmente denominados de "coisas vistas no céu") como símbolos possíveis de totalidade para além da nossa experiência imediata. Essas leituras sobre o Si-mesmo são um exemplo do que Jung chamava de circumambulação, circular ao redor de um conceito até que seus vários aspectos sejam esclarecidos e compreendidos.

Entre as fontes secundárias, o clássico texto de Edward Edinger, *Ego and Archetype* (*Ego e arquétipo*), estuda a relação entre o eu e o Si-mesmo teoricamente; *Encounter with the Self* (*O encontro com o Self*), dele também, examina a mesma relação eu-Si-mesmo por meio das ilustrações de William Blake para o Livro de Jó; e a transcrição de uma palestra dele, *The Transformation of the God-Image*, sobre "Resposta a Jó", de Jung", fornece uma profundidade maior num formato acessível. *Longing for Paradise* (*Saudades do paraíso*) examina os mitos do paraíso como símbolos do Si-mesmo no amadurecimento do inconsciente coletivo e no processo de individuação, e dois ensaios em particular, "Cosmic Man" e "Jung's Discovery of the Self", na coletânea de von Franz, esclarecem o desenvolvimento do conceito no pensamento de Jung.

Para começar

Tipos psicológicos, OC 6, cap. 11, "Definições", em "Si-mesmo", 902.

Aion, OC 9/2, esp. cap. 4, "O si-mesmo", § 43-67, e cap. 5, "Cristo, símbolo do si-mesmo", § 68-126.

Para aprofundar

O eu e o inconsciente, OC 7/2, esp. cap. 1, "A função do inconsciente", § 266-295, e cap. 4, "A personalidade-mana", § 374-406.

"Estudo empírico do processo de individuação", OC 9/1, § 525-626.

"O simbolismo do mandala", OC 9/1, § 627-718.

"Interpretação psicológica do Dogma da Trindade", OC 11/2, esp. cap. 4-6, § 222-295.

O símbolo da transformação na missa, OC 11/2, cap. 4, "Psicologia da missa", seção 3, "A missa e o processo de individuação", § 414-467.

Obras relacionadas

Um mito moderno sobre coisas vistas no céu, OC 10/4, § 589-824 e prefácio.

Presente e futuro, OC 10/1, § 488-588.

Fontes secundárias

EDINGER, E.F. *The Transformation of the God-Image*: An Elucidation of Jung's Answer to Job. Toronto: Inner City Books, 1992.

_____. *Encounter with the Self*: A Jungian Commentary on William Blake's "Illustrations of the Book of Job". Toronto: Inner City Books, 1986 [*O encontro com o Self*. São Paulo: Cultrix. 1991].

_____. *Ego and Archetype*: Individuation and the Religious Function of the Psyche. Baltimore: Penguin Books, 1972 [Boston: Shambhala, 1992 – *Ego e arquétipo*. São Paulo: Cultrix, 1992].

JACOBY, M. *Longing for Paradise*: Psichological Perspective on Archetype. Boston: Sigo Press, 1980 [*Saudades do paraíso*: Perspectivas psicológicas de um arquétipo. São Paulo: Paulus, 2007].

VON FRANZ, M.-L. *Archetypal Dimensions of the Psyche*. Boston: Shambhala, 1997.

21

Mãe

Jung passou um tempo considerável examinando e explicando o papel do arquétipo da Mãe na psicologia do inconsciente, e, como o fascínio dele por esse dominante arquetípico tem sido compartilhado por seus seguidores, há uma vasta e rica literatura sobre o arquétipo da Mãe a partir do ponto de vista junguiano. Vários elementos respondem pela atenção de Jung nesse arquétipo em particular. O relacionamento complexo dele com a própria mãe, o encantamento dele pelas mulheres, o foco singular dele no inconsciente como a matriz (de *mater*, mãe) do consciente, e o patriarcalismo exacerbante da cultura moderna, todos parecem ter unido forças para dotar o arquétipo da Mãe com grande importância pessoal e coletiva para Jung. Por esse motivo, podem até acusá-lo de enantiodromia, um termo que ele usava para descrever uma espécie de retorno psíquico na direção oposta, a supercompensação que normalmente ocorre se o consciente de alguém é rigidamente unilateral demais durante muito tempo. Em uma cultura tão dominada por indivíduos e ideais masculinos, sobre a qual a trindade cristã masculina de Pai, filho e Espírito Santo preside há dois milênios, o interesse de Jung na Mãe e em tudo que ela representa se firma como um corretivo salutar à masculinidade coletiva de mente unilateral da cultura ocidental.

Como ocorreu com todas as pesquisas arquetípicas de Jung, ele começou em nível pessoal, a mãe de seus pacientes, separando de dentro das inúmeras histórias individuais os complexos de mãe que haviam provocado um efeito visível sobre a vida e os amores dos pacientes dele. A esse respeito, Jung comenta que, enquanto a *anima* parece ter uma vida e um caráter dela própria na alma do homem, todavia, tem uma relação íntima com esse complexo de mãe e é fortemente influenciada pela imagem arquetípica da Mãe, que está por trás do complexo de mãe do indivíduo. Por causa dessa ligação, Jung também menciona que a mãe, pessoal e arquetípica, está relacionada ao Eros de um indivíduo e à capacidade dele de se relacionar e de ter intimidade, mas é distinta desses dois.

Sendo assim, Jung examina como os homens têm – na verdade, precisam ter – uma relação diferente com o arquétipo da Mãe do que as mulheres, e ele se propõe a discernir os vários relacionamentos nos quais homens e mulheres parecem se engajar psicologicamente por meio de seu envolvimento ou distanciamento em relação a um grupo de imagens arquetípicas que são a Mãe dentro de todos nós. Tipicamente para Jung, a pesquisa psicológica desse material é organizada em primeiro lugar em torno dos símbolos primordiais de Mãe e de todos os muitos atributos, parceiros e relações: as Mães Terra ctônicas, que pariram o mundo; as Mães Celestes, cujo refreamento açambarcante segura e dirige o mundo; as Deusas da Fertilidade, que nutrem o mundo e alimentam todos os povos; as Deusas Mães da Escuridão, que engolem e apreendem, devoram e restringem.

A importância e a universalidade desse arquétipo na vida humana produzem uma riqueza de imagens de muitas culturas, que, por sua vez, tornam os escritos de Jung sobre o arquétipo da Mãe, às vezes, intimidantes para quem se propõe a lê-los por inteiro. Como foi da Mãe que tudo surgiu, então, também, fisicamente, a Mãe parece dar à luz tudo que há dentro de nós, em toda a sua multiplicidade e profusão. Esses escritos, portanto, requerem do leitor certa familiaridade com os métodos de Jung, caso ele queira evitar se perder em meio ao que geralmente parece uma enchente de material simbólico. Apropriadamente, essa tarefa se equivale ao desafio que a Mãe apresenta ao processo de individuação de todos: como conhecer a Mãe e, ainda assim, não se perder no útero regressivo dos modos de criança e dos desejos infantis, como se relacionar com a Mãe em toda a riqueza dela e não sacrificar nossa vida no processo, como ser nutrido e alimentado pela Mãe e ainda manter nossa autonomia e independência.

As leituras listadas começam com a mais fácil e focada das obras de Jung, e, então, seguimos para o material mais difícil e detalhado sobre o arquétipo da Mãe em *Símbolos da transformação* e para o que talvez seja a obra mais desafiadora de Jung, *Mysterium Coniunctionis*. Essa obra usa simbolismo alquímico para focar na união dos opostos dentro da psique humana, para a qual o par paterno real de *Rex* e *Regina*, Rei e Rainha, tem sido um potente símbolo há muito tempo. As seções de Jung sobre *Luna*, mesmo que tratem mais do feminino arquetípico do que da Mãe em particular, todavia, indicam a plenitude do pensamento de Jung e o interesse apaixonado dele pela Grande Mãe. As passagens dos volumes 5 e 14 podem requerer estudo, e o leitor não iniciado pode desejar consultar o capítulo 5 deste livro, "Símbolo", e ler a parte 4, "Assuntos esotéricos", antes de mergulhar nessas obras.

Devido ao ressurgimento recente do interesse na experiência das mulheres e, como consequência, na religião matriarcal antiga, as pesquisas de Jung dão aos pesquisadores e escritores contemporâneos uma base psicológica firme a partir da qual eles podem explorar o que Jean Shinoda Bolen chama de "a deusa em toda mulher" – a diferenciação lenta que ocorreu no arquétipo da Mãe ao longo dos séculos. Tantos junguianos escreveram tanto sobre a Mãe que nos deparamos com uma profusão de riquezas na hora de selecionar e escolher. O livro de Erich Neumann, *The Great Mother* (*A grande mãe*), é o clássico acessível na literatura junguiana sobre a Mãe, a ser lido e estudado antes de todos os outros, enquanto *Women's Mysteries: Ancient and Modern* (*Os mistérios da mulher*) e *The Parental Image*, de M. Esther Harding, dão uma atenção detalhada à Grande Mãe e o lugar dela no casal paterno arquetípico. Mais escritores contemporâneos estão representados na lista a seguir por Ann Belford Ulanov e Jean Shinoda Bolen, cujos livros sobre o feminino apontam para a natureza multifacetada da imagem da Mãe e sua relação com a imagem da mulher em geral.

Para começar

Psicologia do inconsciente, OC 7/1, cap. 6-7, § 121-191.

"Aspectos psicológicos do arquétipo materno", OC 9/1, § 148-198.

Para aprofundar

Símbolos da transformação, OC 5, esp. cap. 2, § 176-685.

Mysterium Coniunctionis, OC 14/1, parte 3, cap. 4, "*Luna* (Lua)", § 149-227 e OC 14/2, parte 4, cap. 9, "*Regina*", § 197-208.

Obras relacionadas

Aion, OC 9/2, esp. cap. 3, § 20-42.

"A importância da psicologia analítica para a educação", OC 17, § 98-126.

Fontes secundárias

BOLEN, J.S. *The Goddesses in Everywoman*. São Francisco: Harper & Row, 1984 [*As deusas e a mulher*: Nova psicologia das mulheres. São Paulo: Paulinas, 1990].

HARDING, M.E. Women's Mysteries: Ancient and Modern. Nova York: Harper & Row, 1971 [Boston: Shambhala, 1990 – *Os mistérios da mulher*. São Paulo: Paulus, 1985].

_____. *The Parental Image*: Its Injury and Reconstruction. Nova York: Putnam, 1965.

NEUMANN, E. *The Great Mother*. Princeton: Princeton University Press, 1955 [*A grande mãe*. São Paulo: Cultrix, 1996].

ULANOV, A.B. *The Feminine in Jungian Psychology and Christian Theology*. Evanston: Northwestern University Press, 1971.

22

Pai

Em comparação com a profundidade e a riqueza duradoura do foco de Jung no arquétipo da Mãe, o trabalho de Jung sobre o arquétipo do Pai parece um esboço, sem método e até um pouco superficial. Com exceção de um artigo curto escrito durante o período psicanalítico de Jung e de certo modo revisado posteriormente, Jung dedicou pouco tempo e energia explorando a metade masculina do casal de pais arquetípicos. Por esse motivo, muito do que Jung tinha a dizer sobre o arquétipo do Pai está espalhado por um número de artigos ou deve ser recolhido de escritos sobre o desenvolvimento da criança ou do imaginário alquímico, escritos nos quais Jung examina em sua maior parte o efeito do pai pessoal na vida de um indivíduo, sem muita amplificação arquetípica.

Para uma cultura patriarcal, essa é uma situação curiosa de se encontrar na obra completa de um grande psicólogo, e muitas explicações nos vêm à mente. A ênfase arrogante de Freud no pai durante o desenvolvimento psicológico da criança e na teoria psicanalítica – o pai internalizado como o superego, o pai como Deus, o pai como o rival de Édipo e líder da tribo primitiva, a própria identificação de Freud como o pai-autoridade da psicanálise – pode ter arrancado de Jung uma certa minimização compensatória do papel do pai. Apesar de a mudança sutil e importante de Jung em direção à valorização do feminino em todas as suas formas – Mãe, Deusa, Eros, o inconsciente –

ter sido e ainda ser necessária, essa ênfase no feminino deixa uma lacuna de classificações nos escritos de Jung. A falta de uma atenção mais extensa ao Pai, certamente, pode ser amplamente atribuível à própria psicologia pessoal de Jung e pode refletir a relativa importância de seus próprios complexos parentais em sua obra. Mais útil do que essa especulação talvez seja acalentar a ideia de que a unilateralidade da cultura patriarcal leva não somente ao não reconhecimento da feminilidade em todas as suas formas, mas também a um conhecimento distorcido e desigual da verdadeira natureza da masculinidade, uma unilateralidade da qual Jung não pôde escapar.

Notar a relativa falta de atenção dada ao Pai por parte de Jung não é, obviamente, dizer que a masculinidade arquetípica permaneceu sem importância para ele nem pessoal nem teoricamente. Os arquétipos masculinos do Herói e do Velho Sábio ocupam um lugar central no pensamento de Jung e estão, com certeza, intimamente relacionados ao arquétipo do Pai, especialmente ao seu ideal, ao seu lado "bom". Entretanto, Jung deixou a tarefa de um desenvolvimento teórico pleno do papel do Pai para os que o seguiram.

A lista de leituras começa com o artigo curto de Jung "A importância do pai no destino do indivíduo", uma obra dos escritos iniciais de Jung que ele mesmo considerou "simples e ingênua demais" em seu prefácio à segunda edição. A simplicidade e a ingenuidade da obra reside em seu foco distintamente exclusivo em como o pai pessoal de certos pacientes afeta a vida de seus filhos, uma linha que os outros artigos listados seguem via discussões de casos de análise de crianças. Para explorar mais o tema, é preciso lidar com os escritos bastante complicados das obras alquímicas de Jung, especialmente a série de sonhos apresentada na segunda parte de *Psicologia e Alquimia*, na qual o imagístico arquetípico do Pai, a partir de sonhos de um analisando adulto, revela as idas e vindas do Pai coletivo em suas muitas figuras e formas.

As fontes secundárias indicam que os analistas junguianos têm lutado para preencher a lacuna dos próprios escritos de Jung, e uma grande porção de excelentes escritos hoje existe, a partir de várias perspectivas, concentrando-se no Pai: o lado ctônico ou terreno dele; o lado espiritual ou sagrado dele; a intersecção de experiências pessoais e coletivas; e o corpo de mitos e lendas que revelam o Pai em toda a sua potência, o seu poder e a sua diversidade.

Para começar

"A importância do pai no destino do indivíduo", OC 4, prefácio e § 693-744.

"Sobre os conflitos da alma infantil", OC 17, prefácio e § 1-79.

"Psicologia analítica e educação", OC 17, § 127-229.

"Tentativa de apresentação da teoria psicanalítica", OC 4, esp. cap. 9, "Um caso de neurose infantil", OC 4, § 458-520.

Para aprofundar

Psicologia e alquimia, OC 12, esp. parte 2, "Símbolos oníricos do processo de individuação", § 44-331.

Obras relacionadas

Alhures neste livro, cf. as listas de leitura no capítulo 25, "Herói", capítulo 26, "Velho Sábio", e capítulo 27, "*Trickster*".

Fontes secundárias

COLMAN, A. & COLMAN, L. *Earth Father, Sky Father*: The Changing Concept of Fathering. Englewood Cliffs: Prentice-Hall, 1981 [Reimpresso como *The Father*: Mythology and Changing Roles. Chicago: Chiron, 1988 – *O Pai*: Mitologia e reinterpretação dos arquétipos. São Paulo: Cultrix, 1988].

MONICK, E. *Phallos*: Sacred Image of the Masculine. Toronto: Inner City Books, 1987 [*Falo*: A sagrada imagem do masculino. São Paulo: Paulus, 1993].

PERRY, J.W. *Lord of the Four Quarters*: Myths of the Royal Father. Nova York: Braziller, 1966.

SAMUELS, A. (org.). *The Father*: Contemporary Jungian Perspectives. Nova York: New York University Press, 1988.

23

Puer/Criança Divina

O arquétipo da Criança Divina, o *Puer Aeternus*, a criança dentro de todos nós, é uma figura sobre a qual muita atenção tem sido esbanjada pelos seguidores de Jung, enquanto o próprio Jung escreveu pouco sobre o arquétipo. Bem tipicamente, no entanto, o pouco que ele escreveu se tornou um porto de partida fértil para os muitos subsequentes estudos e descrições do multifacetado e infantil *Puer*.

Jung chegou ao *Puer* (e à irmã de *Puer*, a *Core* ou Donzela) por meio das mitologias grega e romana, e em especial por meio da obra de Karl Kerényi, com cujos escritos as próprias breves elaborações da figura arquetípica de Jung foram publicadas. Aspectos do *Puer* na mitologia, segundo a visão de Jung, são bastante semelhantes ao significado psicológico que essa figura tem para a alma individual nos sonhos e nas experiências interiores. Por exemplo, a Criança Divina é um símbolo de esperanças futuras, de brotamento, da potencialidade da vida, da própria novidade: o Menino Jesus na história de natividade de Lucas nos vêm à mente, o pequeno salvador do mundo que é adorado por reis e cujo nascimento é anunciado pela estrela e pelos anjos no céu. No entanto, o *Puer* é mais do que uma mera criança. Ele também é divino e, então, representa de algumas formas o precursor do herói, a pequena criança que é muitas vezes sobre-humana ou dotada de talentos impressionantes numa tenra idade. Os feitos de força juvenis de Hércules são exemplos dessa conexão entre o *Puer* e a figura do semideus heroico. Frivolidade, prazer e brincadeira também caracterizam essa Eterna Criança, cujo caráter arquetípico significa que ela nunca vai crescer. Peter Pan, de James Barrie, é uma representação moderna desse aspecto do *Puer*, assim como Pã, especialmente em seus momentos pastorais e de prazer, e quando ele toca flauta, ou Eros, filho de Afrodite, lindo jovem deus do amor e do prazer, podem ser as melhores representações clássicas do *Puer*.

Essas múltiplas qualidades do *Puer*, centradas na futuridade da vida humana e nos elementos animadores, encantadores e revigorantes da experiência humana, garantem para ele um lugar de alto respeito no panteão das figuras arquetípicas, e o surgimento do *Puer* nos sonhos e nas fantasias dos indivíduos modernos é, por esse motivo, invariavelmente importante. Ainda assim, todos os arquétipos têm um lado luminoso e outro obscuro, e o *Puer Aeternus* não é exceção. Apesar de o próprio Jung talvez não ter desenvolvido essa linha de raciocínio tão elaboradamente quanto os que vieram depois dele, o fenômeno da identificação com o *Puer*, um indivíduo cuja noção dominante de si próprio é inconscientemente baseada na Criança Divina, é uma dinâmica arquetípica de grande importância e muitas vezes de igualmente grande perturbação. Sacralizado na psicologia *pop* por Richard Kiley como o complexo de Peter Pan, a identificação com o *Puer* pode levar a um homem-criança superficialmente fascinante, mas basicamente imaturo, incapaz de se comprometer ou de procriar, um Pequeno Príncipe caprichoso com esperanças irrealistas e sonhos impróprios. Nesse sentido, o *Puer* tem uma ligação íntima com a Mãe arquetípica, pois, a não ser que o homem encontre o equilíbrio correto entre a dependência da Mãe e sua autonomia, uma identificação com a Criança Divina, o queridinho da mamãe, pode parecer um caminho atraente para escapar das responsabilidades adultas e da dor da separação.

Jung escreveu apenas um artigo sobre o *Puer Aeternus*, "A psicologia do arquétipo da criança". Ele tratou da criança-herói emergente e de sua relação com a Grande Mãe em certas seções de *Símbolos da transformação*, que amplia a curta monografia dele sobre a Criança Divina. As fontes secundárias listadas aqui são as das obras junguianas que menos envelheceram sobre o *Puer*, as palestras de Marie-Louise von Franz transcritas e reunidas no volume *Puer Aeternus* [*Puer Aeternus*: A luta do adulto contra o paraíso da infância] e a coletânea de artigos *Puer Papers*, que começa com o ensaio de James Hillman "*Senex* e *Puer*". Também é recomendado "The Primordial Child in Primordial Times", de Karl Kerényi, o ensaio que acompanha a obra de Jung sobre o arquétipo da Criança Divina.

Para começar

"A psicologia do arquétipo da criança", OC 9/1, § 259-305.

Para aprofundar

Símbolos da transformação, OC 5, esp. cap. 4, "O nascimento do Herói", § 251-299, e cap. 5, "Símbolos da mãe e do renascimento", § 300-418.

Obras relacionadas

"Aspectos psicológicos do arquétipo materno", OC 9/1, § 148-198.

"Aspectos psicológicos da *Core*", OC 9/1, § 306-383.

Fontes secundárias

HILLMAN, J. *et al*. *Puer Papers*. Dallas: Spring, 1979.

KERÉNYI, K. "The Primordial Child in Primordial Times". In: KERÉNYI, K. & JUNG, C.G. *Essays on a Science of Mythology*. Princeton: Princeton University Press, 1963.

VON FRANZ, M.-L. *Puer Aeternus*. Santa Monica: Sigo Press, 1981 [*Puer Aeternus*: A luta do adulto contra o paraíso da infância. São Paulo: Paulus, 1992].

24

Core / Donzela

O inconsciente coletivo, como Jung frequentemente indica, não obedece as regras e regulamentações da consciência. Diferentemente do mundo do qual temos consciência, bem ordenado no espaço e no tempo, o domínio do inconsciente é um lugar confuso onde as coisas se transformam facilmente, onde tempo e espaço não são respeitados (na verdade, não existem) e onde, como consequência disso, é muitas vezes difícil diferenciar de maneira clara e absoluta uma figura arquetípica da outra. É assim o caráter do trabalho de Jung sobre o arquétipo da *Core*, associado intimamente com o trabalho dele sobre a Criança Divina e igualmente seminal.

A figura que Jung examina em sua maior obra sobre o tema representa muitas coisas, e a complexidade desse arquétipo é refletida nas múltiplas associações com o nome dele. Literalmente, a Donzela, *Core* é também o nome de Perséfone, da mitologia grega, filha de Demetra, casada à força com Hades, e a figura focal nos Mistérios de Elêusis. Essa multiplicidade de seus papéis na mitologia grega – virgem, filha, noiva e rainha do submundo – está refletida na multiplicidade de formas com que Jung vê essa figura sob a perspectiva arquetípica. Ela é a companheira de *Puer*, sua contraparte feminina, a *Puella Aeterna*, como os escritores posteriores a apelidaram, e, como tal, ela tem em comum com o *Puer* a jocosidade, a potencialidade e a possibilidade de ser um herói; ela é Perséfone em seu encanto de primavera. Jung também vê nela a figura arquetípica da *anima*, não simplesmente por desejo de avançar em seu projeto teórico, mas baseado na própria literatura mitológica. Como rainha do submundo, esposa de Hades, ela é a mediadora entre o consciente e o inconsciente, entre a luz e a escuridão. Como a filha da Grande Mãe Terra, ela está ligada à recompensa do Si-mesmo e é a agente da realização da alma; ela é Perséfone, como agente do ciclo sazonal de morte e renascimento. Ela obviamente representa a força arquetípica do feminino em muitas formas, especialmente do feminino em seus aspectos transformativos e mediadores, e então, segundo a compreensão de Jung, a *Core* é uma figura arquetípica que possui grande significado para a psique moderna, especialmente no contexto de uma civilização tão machista em tantos sentidos. Sendo assim, ao escrever sobre a Donzela, Jung usa material de imaginação ativa para exemplificar como, em muitos aspectos, os mistérios femininos ainda existem dentro da alma das pessoas contemporâneas e encontra sua melhor expressão simbólica nessa figura multifacetada, a *Core*.

Existe um único artigo sobre o arquétipo da Donzela na *Obra Completa*. Em "Obras relacionadas', o artigo de Jung sobre o arquétipo da Mãe é listado, já que ele discorre sobre o arquétipo da "Filha" de uma maneira lógica e evocativa. As fontes secundárias listadas começam pelas obras de Kerényi, seguidas pela examinação contemporânea desse arquétipo, usando o mito sumério da deusa-donzela Inanna-Ishtar, e pelo uso bastante fascinante de Wilkinson desse mito para discutir a psicologia da vitimização.

Para começar

"Aspectos psicológicos da *Core*", OC 9/1, capítulo VII.

Para aprofundar

"Aspectos psicológicos do arquétipo materno", OC 9/1, capítulo IV.

Fontes secundárias

BRINTON-PERERA, S. *Descent to the Goddess*: A Way of Initiation for Women. Toronto: Inner City Books, 1981 [*Caminho para a iniciação feminina*. São Paulo: Paulinas, 1985].

KERÉNYI, K. "Kore". In: KERÉNYI, K. & JUNG, C.G. *Eleusis*: Archetypal Image of Mother and Daughter. Princeton: Princeton University Press, 1967.

_____. *Essays on a Science of Mythology*. Princeton: Princeton University Press, 1963.

WILKINSON, T. *Persephone Returns*: Victims, Heroes and the Journey from the Underworld. Berkeley: Pagemill Press, 1996.

25

Herói

O grande armazém da mitologia mundial foi a fonte para os *insights* de Jung em relação ao inconsciente coletivo e à prova das hipóteses dele, já que os mitologemas – esses temas comuns que permeiam as lendas e os contos folclóricos das mais diversas culturas – eram vistos por Jung como pistas dos aspectos permanentes da psique. Uma dessas figuras universalmente presentes na mitologia, independente da cultura ou do período, é o herói, uma figura tão central para as lendas de quase toda cultura, que, às vezes, é quase como se as lendas heroicas fossem a própria definição de mitologia.

Enquanto a universalidade da figura do herói é certamente interessante sociológica e antropologicamente, Jung pesquisava, como sempre, a importância psicológica dessa figura onipresente no cenário da imaginação do mundo. Ao examinar várias lendas heroicas, consequentemente, Jung se deparou com elementos idênticos na história do herói: seu nascimento divino; sua *nekyia*, ou descida para o submundo; as ações heroicas que ele deve empreender, como batalhas com monstros terríveis ou tarefas perigosas a serem executadas; a presença de companheiros auxiliadores, às vezes masculinos, às vezes femininos, às vezes teriomórficos (ex. em forma animal); a ideia recorrente de derrota, morte e renascimento.

Jung via nesses temas em comum que o herói poderia ser compreendido como um arquétipo dentro da psique coletiva e, mais ainda, que esse arquétipo era o que mais frequentemente se identificava com a consciência do ego que lentamente emerge na humanidade. A aparência histórica da consciência humana, nossa consciência de estarmos conscientes, tem um toque de divino, um "algo vindo do nada" mágico com grande efeito transformativo, tudo se refletindo na ascendência sobrenatural e no nascimento incomum da figura do herói. Tornar-se consciente do domínio de escuridão sombria, a região do inconsciente que está por trás do senso luminoso que temos de nós mesmos, é como a descida do herói ao submundo, uma tarefa inevitável repleta de perigo, que deve ser cumprida para que cresçamos e prosperemos como indivíduos. Manter nossa integridade e nossa autoconsciência é frequentemente uma batalha contra as maiores improbabilidades, envolvendo trabalho pesado que parece requerer a esperteza, a ajuda, a sorte e a perseverança de uma figura maior do que a vida. Devido a nossas limitações humanas, essa batalha pela consciência de nós mesmos e dos outros, consciente e inconsciente, geralmente corre em círculos que seguem paralelos o ciclo de derrota e recuperação descrito nas lendas heroicas

Por mais importante que fosse a consciência do eu e por mais bem simbolizado que ela fosse pelo herói arquetípico, Jung, contudo, tinha noção do efeito letal de qualquer identificação que ocorre quando o eu encontra o arquétipo: a inflação psíquica da consciência, que é o resultado do contato com a esfera transpessoal do inconsciente coletivo. Apesar de muitas das ideias de Jung a respeito do herói terem sido desenvolvidas muito mais extensivamente por seus seguidores, especialmente por Erich Neumann e Joseph Campbell, o profundo reconhecimento de Jung do poder e da potencialidade do inconsciente o levaram a suspeitar de qualquer supervalorização da consciência do eu heroico, enxergando a capacidade humana e sua luta pela autoconsciência como apenas uma etapa na evolução da consciência coletiva, uma etapa talvez agora em seu fim e precisando de transformação. Para Jung, os conceitos clássicos gregos de húbris e de orgulho presunçoso se aplicam tanto à nossa fé contemporânea em nossa habilidade de produzir, agir e conquistar quanto se aplicava na época de Sófocles ou de Homero. Identificar-nos com o herói é flertar com o desastre psicológica e, atualmente, até literalmente.

Ademais, Jung viu que o herói, como uma manifestação do masculino arquetípico, não precisa ser sempre um símbolo de consciência do eu. Para as mulheres, o *animus*, ou o lado masculino inconsciente, geralmente se encaixa no molde arquetípico de uma figura heroica lutando contra a consciência e a efetividade, uma luta com toda a tempestuosidade e o estresse de tantos mitos. Similarmente, para os homens, o herói não precisa apenas simbolizar o estado de alerta ou a conquista, mas pode também significar uma separação da mãe, aquela autonomia difícil de ganhar que pode ser uma tarefa heroica e para a vida toda, e da qual a relação verdadeira de um com o outro pode emergir.

A apresentação mais extensa que Jung fez do arquétipo do herói está em *Símbolos da transformação*. Como quase toda a segunda parte dessa obra é dedicada a traçar o desenvolvimento pessoal e coletivo do herói como um símbolo da libido, é recomendada em "Para começar", apesar de requerer uma boa parcela de raciocínio e estudo para ser assimilada. Em "Para aprofundar", estão listados escritos que explicam melhor o símbolo arquetípico do herói e o conceito de Jung de personalidade-mana, junto com as análises de sonhos e as discussões sobre a figura do herói nos sonhos de americanos negros, que, para Jung, tinham uma relação mais íntima com a "mentalidade primitiva" do que os americanos brancos. Discussões sobre dinâmicas da psicologia geral que esclarecem a posição do herói na psique dos indivíduos modernos estão listadas em "Obras relacionadas".

The Origins and History of Consciousness [*História da origem da consciência*], de Neumann, e *The Hero with a Thousand Faces* [*O he-*

rói de mil faces], de Joseph Campbell, são dois clássicos sobre o arquétipo do herói e suas muitas manifestações. *The Grail Legend [A lenda do Graal]*, de Emma Jung (finalizado e organizado por Marie-Louise von Franz depois da morte da Sra. Jung), é uma pequena obra-prima no estudo de uma figura heroica de uma lenda europeia, Percival/Parsifal, e Allan Chinen usa contos de fadas para examinar a relação entre o herói e o *Trickster*, reformulando e atualizando os dois conceitos para um público contemporâneo.

Para começar

Símbolos da transformação, OC 5, parte 2, esp. cap. 4, "O nascimento do herói", 251-299; cap. 5, "Símbolos da mãe e do renascimento", § 300-418; e cap. 6, "A luta pela libertação da mãe", § 419-463.

Para aprofundar

O eu e o inconsciente, OC 7/2, esp. parte 2, cap. 3, "A técnica de diferenciação entre o eu e as figuras do inconsciente", § 341-373, e cap. 4, "A personalidade-mana", § 374-406.

"Alma e terra", OC 10/3, § 49-103.

"Fundamentos da psicologia analítica (*Tavistock lectures*)", OC 18/1, esp. segunda conferência, § 74-144 , e terceira conferência, § 145-227.

Obras relacionadas

"Consciência, inconsciente e individuação", OC 9/1, § 489-524.

"Da formação da personalidade", OC 17, § 284-323.

Fontes secundárias

CAMPBELL, J. *The Hero with a Thousand Faces*. Princeton: Princeton University Press, 1968 [*O herói de mil faces*. São Paulo: Pensamento, 1995].

CHINEN, A.B. *Beyond the Hero*: Classic Stories of Men in Search of Soul. Los Angeles: Tarcher, 1993 [*Além do herói*: Histórias clássicas de homens. São Paulo: Summus, 1999].

JUNG, E. & VON FRANZ, M.-L. *The Grail Legend*. Boston: Sigo Press, 1980 [*A lenda do Graal*. São Paulo: Cultrix, 1980].

NEUMANN, E. *The Origins and History of Consciousness*. Princeton: Princeton University Press, 1954 [*História da origem da consciência*. São Paulo: Cultrix, 1990].

26

Velho Sábio

"Conhecimento, reflexão, *insight*, sabedoria, inteligência e intuição", Jung escreve sobre as qualidades associadas à figura arquetípica que ele veio a chamar de Velho Sábio. Sendo uma outra face do masculino arquetípico, uma face bem distinta da face do Herói ou do Pai, o Velho Sábio é uma figura universal no corpo rico da religião e da mitologia mundiais, uma figura com quem Jung teve contato interior direto de várias formas durante a vida.

As palavras citadas acima deixam claro como o Velho Sábio arquetípico é a personificação psíquica do que Jung identificava como espírito, especialmente o espírito como conhecimento ou sabedoria, Logos em todas as suas muitas formas e muitos efeitos. Apesar de ser paternal e heroico em certos aspectos, o Velho Sábio também é simbólico de uma certa qualidade de espírito masculino que não tem relação com o Pai ou o Herói – uma quietude, uma discrição de eremita, uma força expressa não nos ímpetos fálicos do Herói nem na procriação do Pai, mas uma força que vem de dentro, um vigor mágico que guia e fortifica a pessoa em suas lutas interiores. Uma figura na cultura ocidental que Jung menciona em relação a esse arquétipo e que encarna o Velho Sábio na imaginação popular é a de Merlim, das lendas arturianas – o mago e o mágico, o conselheiro e o guia, velho homem da floresta e buscador da verdade.

Como o Herói, o Velho Sábio não é uma figura apenas restrita à psicologia dos homens, mas ele pode aparecer para uma mulher como a encarnação de um certo lado do *animus* dela, especialmente aquele que Jung veio a chamar de *animus* positivo, a força auxiliadora e escondida da sabedoria e do espírito interiores dela, ele que transforma e cria, uma figura que nos leva para frente e para cima sem nos empurrar, que dirige e aconselha sem ordenar nem comandar. Portanto, dada a falta de qualquer obra longa de Jung sobre o arquétipo do Pai isoladamente dentro da *Obra Completa*, podemos ver o Velho Sábio, para mulheres e homens, como um derivado especial do Pai arquetípico, Javé em sua melhor indumentária.

Apesar de o Velho Sábio certamente não ser tudo o que há no Pai ou na masculinidade em nível coletivo, devemos dar crédito a Jung pelo fato de as experiências dele com esse dominante arquetípico muito auxiliador e inspirador ocuparem lugar importante dentro de seus escritos. De fato, a figura do próprio Jung, principalmente em seus últimos anos, veio encarnar mais e mais o Velho Sábio para aqueles à volta dele, resultando no fato de que a figura do próprio Jung congregou a si tanto o lado sombrio quanto o iluminado desse arquétipo – Jung, o curador ideal, o místico e o professor, como ele era visto por seus seguidores, pacientes e alunos; Jung, o fundador de um culto, o guru pomposo e o partidário totalitário, como era visto por seus detratores. Sendo assim, não é difícil discernir a projeção do Velho Sábio que está por trás das muitas controvérsias recentes a respeito da pessoa de Jung.

O tratado mais extenso de Jung sobre o Velho Sábio é "A fenomenologia do espírito no conto de fadas", cuja análise psicológica de certos contos de fadas pode ser um pouco complexa, especialmente próximo ao fim. Do leitor, vão ser exigidos tempo e perseverança. Mergulhar mais fundo no Velho Sábio requer que ele saia um pouco mais do tema em questão. O bem conhecido interesse de Jung por alquimia e pelas obras de vários alquimistas o levaram a um conhecimento íntimo de seu compatriota suíço, o alquimista medieval Paracelso, uma figura que lembra o Velho Sábio em certos aspectos: ex-cêntrico, obcecado com a sabedoria interior, recluso e mago. Jung foi convidado a fazer dois curtos discursos para celebrações comemora-tivas a Paracelso, que mais delineiam a figura de Paracelso do que apresentam seu sistema alquímico e espiritual (como Jung faz em ou-tras obras bem detalhadamente). O artigo "Sobre o renascimento" apresenta uma figura do misticismo islâmico, Khidr, que também tem certa semelhança com o Velho Sábio. Finalmente, eu recomendo o último capítulo de *Aion*, no qual Jung integra em uma estrutura única e coerente a relação de várias figuras arquetípicas uma com a outra na constituição da totalidade do Si-mesmo. O Velho Sábio apa-rece aí sob várias formas nos quaterniões que Jung estuda. A ligação óbvia do Velho Sábio com os arquétipos tanto do Pai quanto do *Trickster* torna importante que sejam lidos os textos sobre esses ar-quétipos para um esclarecimento melhor dos vários aspectos do Ve-lho Sábio.

Existe uma falta de fontes secundárias sobre o Velho Sábio *per se*. O livro de Emma Jung e Marie-Louise von Franz, *The Grail Legend* [*A lenda do Graal*], estuda a figura e a função de Merlim no ciclo ar-turiano de um modo que pode ser útil no acréscimo à visão do leitor sobre esse importante dominante arquetípico, assim como a inter-pretação dos contos de fadas nas quais o Velho Sábio representa um papel, apresentada por von Franz em *Individuation in Fairy Tales* [*A individuação nos contos de fada*]. Ainda assim, há uma lacuna de es-clarecimentos na literatura sobre o Velho Sábio, a ser preenchida por futuros escritores junguianos.

Para começar

"A fenomenologia do espírito nos contos de fadas", OC 9/1, § 384-455.

Para aprofundar

"Paracelso", OC 15, § 1-17.

"Paracelso, o médico", OC 15, § 18-43.

"Sobre o renascimento", OC 9/1, § 199-258.

Aion, OC 9/2, esp. cap. 14, "Estrutura e dinâmica do Si-mesmo", § 347-421.

Obras relacionadas

Alhures neste livro, cf. as listas de leituras do capítulo 22, "Pai", e do capítulo 27, "*Trickster*".

Fontes secundárias

JUNG, E. & VON FRANZ, M.-L. *The Grail Legend*. Boston: Sigo Press, 1980 [*A lenda do Graal*. São Paulo: Cultrix, 1980].

VON FRANZ, M.-L. *Individuation in Fairy Tales*. Dallas: Spring, 1980. Boston: Shambhala, 1990 [*A individuação nos contos de fada*. São Paulo: Paulinas, 1984].

27

Trickster

A relação de Jung com o mitólogo e pesquisador Karl Kerényi influenciou seu pensamento em muitos aspectos cruciais, e alguns dos ensaios mais importantes de Jung sobre a psicologia das figuras arquetípicas surgiu inicialmente em volumes em conjunto com os estudos mitológicos de Kerényi sobre essas figuras. Assim que a Mãe, a *Core* e a Criança Divina receberam vida psicológica pelas mãos de Jung, por assim dizer, por meio da obstetrícia de Kerényi, então, também, o *Trickster* das mitologias alquímicas indígena americana, grega e medieval vive dentro da *Obra Completa* devido à colaboração desses dois homens.

Aqueles interessados no pensamento lógico e linear muitas vezes acham o método de exposição de Jung confuso e provocador de ansiedade, pois os padrões arquetípicos da psique não são para ser entendidos por meio de argumentação direta e limitada, mas por meio de uma reunião impressionista de aspectos e temas, até que a figura surja com forma e função determinadas. É desse modo característico que Jung aborda o *Trickster*, ele que vira a mesa contra os nobres e poderosos, o prega-peças, a fonte de reviravoltas e, consequentemente, a fonte de transformação e de mudança. Associado com o furto, com as confusões, com a tolice e a inanidade de todo clamor por justiça, o *Trickster* da mitologia indígena americana tem sua contraparte arquetípica no Hermes da mitologia grega, o ladrão, o engambelador, o ligeiro. Essa associação mitológica de Hermes com o malandro, como Jung descobriu, não havia sido perdida entre os alquimistas medievais, cuja busca interior e exterior por transformação os levou a louvar a figura de Mercúrio como Prata-líquida, o mil-faces e a própria fonte da metamorfose, uma associação sacralizada num termo para todos os escritos alquímicos, o *corpus hermeticum*.

Todos os arquétipos têm dois lados, e o *Trickster* não é exceção. Ao estudar esse arquétipo, outro arquétipo de masculinidade, Jung não pôde deixar de ver esse bobo arquetípico, sob muitos aspectos, como o Javé descrito no Velho Testamento: caprichoso, poderoso, capaz de falar de muitas formas, incompreensível em suas vontades e peculiaridades. Além disso, Jung observa que a sombra pode ter muito em comum com a psicologia do *Trickster* no sentido em que sua existência continuamente perturba o balanço da consciência dominada pelo eu, mentindo para nossas intenções conscientes, pregando peças dolorosas em nossa autoimportância grandiosa e, com isso, fornecendo o ímpeto para a transformação e a mudança. Baralhos de tarô e de cartas comuns preservam a figura do *Trickster* na carta do bobo ou coringa, a carta selvagem da existência humana, que pode fazer o papel de qualquer outra, alta ou baixa, com o poder de virar e mudar a direção de nossa jornada. Assim, essa figura é saudada com prazer e ansiedade, é poderosa quando está ao nosso lado e desconcertante quando não, é um bem não confiável, mas é uma parte totalmente necessária da nossa humanidade.

Os escritos de Jung sobre o *Trickster* na *Obra Completa* são apenas dois: "A psicologia da figura do *Trickster*" e "O espírito Mercurius". Cada um desses artigos é curto, mas cheio de ricas ligações a outras pesquisas de Jung e a outras figuras arquetípicas que se aglomeram em torno da figura do *Trickster*. Devido ao modo com que Jung define a sombra, o *Trickster*, Javé, Jó e satã arquetipicamente, "Resposta a Jó" fornece uma explicação interessante sobre a imagem do

Trickster por meio do tratado psicológico de Jung sobre o problema do mal no Antigo Testamento.

Monografias sobre o *Trickster* dentro da literatura junguiana são difíceis de encontrar. Apesar de muita atenção ter sido devotada a Hermes/Mercurius, e apesar de Hermes e o *Trickster* terem muito em comum, as figuras não são idênticas. Contudo, um estudo excelente e clássico é *Hermes, Guide of Souls*, de Kerényi. O livro de Chinen trata do conceito pelas lentes do pensamento atual sobre as questões dos homens; e eu incluí duas maravilhosas compilações de lendas americanas nativas a respeito de Coyote, a figura americana nativa do malandro, para puro prazer.

Para começar

"A psicologia da figura do *Trickster*", OC 9/1, § 456-488.

Para aprofundar

"O espírito *Mercurius*", OC 13, § 239-303.

Obras relacionadas

Resposta a Jó, OC 11/4, 553-758 e prefácio.

Fontes secundárias

CHINEN, A.B. *Beyond the Hero*: Classic Stories of Men in Search of Soul. Los Angeles: Tarcher, 1993 [*Além do herói*: Histórias clássicas de homens. São Paulo: Summus, 1999].

HAILE, F.B. *Navajo Coyote Tales*: The Curly Tó Aheedlíni Version. Lincoln: University of Nebraska Press, 1984.

KERÉNYI, K. *Hermes, Guide of Souls*. Dallas: Spring, 1987.

MALOKTI, E. & LOMATUWAY'MA, M. *Hopi Coyote Tales*: Istututwutsi. Lincoln: University of Nebraska Press, 1984.

28

Coniunctio

A imagem da *coniunctio* – termo em latim para "unificação" ou "união" – é uma das que Jung retirou dos escritos alquímicos da Idade Média, e, então, essa imagem pode ser melhor compreendida por meio de uma compreensão plena da pesquisa que Jung fez do imagístico alquímico. Embora a imagem popular dos alquimistas seja a de visionários desencaminhados buscando meios para transformar chumbo em ouro, uma procura quimérica há muito desacreditada por nossa era mais racional, Jung estudou os muitos textos alquímicos que restaram para encontrar uma realidade bem diferente: a saber, que a busca literal da transformação de substâncias entre os alquimistas era apenas uma parte de um sistema psicológico-filosófico mais sofisticado de pensamento, que considerava a própria transformação pessoal do alquimista o fator crítico no sucesso do empreendimento alquímico. Assim, Jung via as descrições alquímicas de procedimentos literalmente psicoquímicos como projeções externas na matéria de processos psíquicos interiores, cujo objetivo real ia além da transformação de matéria-prima em ouro, e cujo propósito real era a transformação espiritual do alquimista a partir do interior.

Das muitas etapas em certos procedimentos alquímicos, uma das etapas finais era a *coniunctio oppositorum*, ou a união dos opostos, na qual materiais separados com qualidades opostas eram enfim unidos para criar uma substância totalmente nova e transformada – o objetivo final dos procedimentos alquímicos. Embora essa *coniunctio* pareça direta o bastante quando descrita em palavras, o simbolismo da *coniunctio* nos desenhos e nas imagens alquímicas foi o que mais impressionou Jung, pois, para a grande surpresa dele, essa *coniunctio* química era simbolizada repetidas vezes por imagens de união sexual (incluindo união sexual incestuosa, como o casamento de irmão e irmã da realeza) e pela figura metade homem, metade mulher, do hermafrodita. Achar um simbolismo sexual tão monstruoso e chocante para o ponto final do que era, afinal, para ser uma mera operação química deixou claro para Jung que a *coniunctio* do alquimista era muito mais, de fato um verdadeiro símbolo, como Jung compreendeu: uma imagem apontando para algo além dela mesma, um mistério que talvez nunca seja desvendado totalmente.

O que a *coniunctio* indica ou representa? Jung sugere que a *coniunctio*, a união de homem e mulher encontrada tanto no imagístico do incesto da realeza quanto na imagem do hermafrodita, aponta para uma união interior de elementos masculinos e femininos necessários para a totalidade psicológica e espiritual. Tal união levaria à capacidade de verdadeira intimidade e relação, e nesse aspecto Jung considerou a *coniunctio* um símbolo apto para o encontro de almas que ocorre entre analista e paciente no decorrer da análise. Obviamente, dada a compreensão de Jung do Si-mesmo, a *coniunctio* é um símbolo da totalidade psíquica que o Si-mesmo representa, e a divindade do andrógino e o caráter régio dos amantes incestuosos dentro da *coniunctio* dos alquimistas apontam para um plano mais elevado de integração psicológica, que resulta do Si-mesmo como arquétipo de totalidade.

Apesar das explicações de mestre e muitas vezes densas de Jung a respeito da figura alquímica, a *coniunctio* permanece, como no título do volume 14, um *mysterium*, um entrelaçamento misterioso de opostos arquetípicos em um estado divino final de integração. Embora

Jung tenha escrito muito a respeito do caráter masculino/feminino da união, a verdade é que mesmo isso pode ser entendido menos literalmente e mais figurativamente, compreendendo homem e mulher como símbolos de quaisquer opostos arquetípicos: ativo/passivo, consciente/inconsciente, luz/escuridão, destrutivo/construtivo, analítico/sintético. Como todos os dominantes arquetípicos são polaridades e possuem duas faces, a *coniunctio*, a despeito de quão sexual seja o seu simbolismo, representa a união de *quaisquer* qualidades opostas cuja reconciliação leve a uma maior unidade consigo próprias e com as outras. A importância da *coniunctio*, no pensamento de Jung e no pensamento junguiano, não pode ser superenfatizada, no entanto, especialmente em respeito à individuação e ao processo de análise, ela permanece uma imagem orientadora e um desafio evocativo para cada indivíduo que se preocupe com a resolução interior e as reações exteriores.

Jung faz uma longa exposição sobre essa imagem em um de seus artigos mais conhecidos e mais influentes, "A psicologia da transferência", que, no entanto, não é a parte mais fácil da *Obra Completa* para se ler sem uma introdução prévia a Jung e à alquimia. O leitor não iniciado pode querer consultar a parte 4 deste livro, "Assuntos esotéricos", antes de mergulhar no artigo de Jung. O objetivo de "Psicologia da transferência" é elucidar o processo de análise entre analista e paciente usando o imaginário alquímico. Como a meta da análise é a totalidade, Jung aplica a *coniunctio* dos alquimistas e os passos para obtenção dela à relação de transferência/contratransferência e à transformação que ocorre na análise. Pode-se imaginar como essa conceitualização da transferência e da contratransferência tão típica dos últimos escritos de Jung foi recebida dentro da comunidade psicológica dominada pelo pensamento freudiano acerca da transferência, da contratransferência e da meta da análise. Por esse motivo, "A psicologia da transferência" deve ser lido e estudado por aqueles que se preocupam em entender perfeitamente a terapêutica de Jung.

Aprender mais sobre os escritos de Jung sobre a *coniunctio* requer que se leia o último livro de Jung, *Mysterium Coniunctionis*. Embora eu tenha fornecido uma introdução em separado à essa difícil, mas extremamente recompensadora obra-prima da carreira de Jung na parte 4, aquelas seções de *Mysterium Coniunctionis* que detalham a *coniunctio* em si estão anotadas na lista a seguir. Em "Obras relacionadas", podem ser encontrados dois artigos que tratam da capacidade da psique de apaziguar ou transcender as oposições conflitantes inerentes a todos nós e de encontrar um novo sentido para si mesma.

Consultar fontes secundárias sobre a *coniunctio* requer uma manobra típica na psicologia junguiana, uma circumambulação do tema em questão. Os três livros listados – *Incest and Human Love* (*Amor e incesto humano: A traição da alma na psicoterapia*), de Stein, *The Analytic Encounter* (*O encontro analítico*), de Jacoby, e o número inicial da revista junguiana anual *Chiron*, dedicado à transferência/contratransferência – são todos importantes contribuições para a literatura e dão um apanhado geral sobre o simbolismo extensivo da *coniunctio*, seu simbolismo incestuoso, sua carga sexual e seu significado analítico. Só a transcrição do seminário de Edinger abarca todo o tema, e o caráter direto e coloquial do texto ajuda muito em tornar uma das ideias mais desafiadoras de Jung clara e relevante.

Para começar

"A psicologia da transferência", OC 16/2, prólogo e § 353-539.

Para aprofundar

Mysterium Coniunctionis, OC 14/3, esp. parte 6, "A conjunção", § 230-447.

Obras relacionadas

"A função transcendente", OC 8/2, prefácio § 131-193.

"Sobre o renascimento", OC 9/1, § 199-258.

Fontes secundárias

EDINGER, E.F. *The Mystery of the Coniunctio*: Alquemical Image of Individuation. Toronto: Inner City Books, 1994 [*O mistério da coniunctio*. São Paulo: Paulus, 2008].

JACOBY, M. *The Analytic Encounter*: Transference and Human Relationship. Toronto: Inner City Books, 1984.

SCHWARTZ-SALANT, N. & STEIN, M. (orgs.). *Chiron*: A Review of Jungian Analysis, 1984.

STEIN, R. *Incest and Human Love*: The Betrayal of the Soul in Psychotherapy. Nova York: The Third Press, 1973 [*Amor e incesto humano*: A traição da alma na psicoterapia. São Paulo: Paulus, 1999].

Parte III
Tópicos de interesse especial

29

Freud e a psicanálise

Muito tem sido e vai continuar sendo escrito sobre o relacionamento entre Freud e Jung, pois a relação deles e o rompimento de um com o outro são um dos eventos teóricos e pessoais mais importantes na história da psicologia moderna. No entanto, os escritos psicanalíticos contidos na *Obra Completa* de Jung fornecem simplesmente o lado teórico dessa extraordinária relação, sem muito sobre o relacionamento pessoal que dava tanta informação a respeito da colaboração deles. Para um relato excelente e conciso da história pessoal entre esses dois homens, a introdução de William McGuire para *The Freud/Jung Letters* [*Freud/Jung: correspondência completa*] é recomendada.

Jung inicialmente se aproximou de Freud por conta de *A interpretação dos sonhos*, um livro cuja data de publicação em 1900 tem uma importância tanto simbólica quanto histórica. Jung trabalhava como psiquiatra no Hospital Burghölzli, em Zurique, um hospital dirigido na época por Eugen Bleuler, cujo próprio trabalho seria profundamente influenciado por Freud. Os escritos de Jung de 1902 a 1906, assim como a tese de doutorado de Jung, "Sobre a psicologia e patologia dos fenômenos chamados ocultos" (OC 1), e seus inúmeros relatos de seus experimentos com associação de palavras (OC 2), contêm várias referências ao trabalho de Freud, e Jung claramente tinha pela obra de Freud um grande respeito. Os dois homens começaram a se corresponder em 1906, e continuaram até 1914, datas que marcam um período em que Freud e Jung trabalhavam muito juntos para tornar conhecidas as descobertas de Freud acerca das causas e do tratamento da neurose. De fato, os dois homens viajaram para os Estados Unidos juntos para dar as palestras de Clark em 1912, apesar do indício da crescente tensão surgida entre eles após um episódio no navio. Segundo a versão de Jung para a história em sua autobiografia, Jung permitiu que Freud analisasse um de seus sonhos, mas Freud recusava a Jung a análise correspondente de um sonho dele, uma recusa, segundo o que se diz, feita por Freud porque isso ameaçaria a autoridade dele. "Naquele momento", Jung escreve, "ele havia se descontrolado totalmente".

As divergências dele com as teorias psicológicas de Freud assim como a tensão entre as personalidades díspares dos dois continuaram a se tornar mais e mais aguçadas nos dois anos seguintes, conforme os psicanalistas lutavam por respeito profissional na Europa. A publicação de *Símbolos da transformação* por parte de Jung, que trata do inconsciente a partir de um ponto de vista marcadamente diferente do de Freud, em certo sentido representou o ápice do crescente desafeto dos dois e indica as diferenças muito profundas entre as psicologias de ambos. Quando Jung rompeu sua amizade com Freud, em 1913, e se demitiu da presidência da Associação Internacional de Psicanálise, em 1914, um longo período de isolamento profissional e de autoanálise pessoal se seguiram, cujos frutos foram uma grande porção de sabedoria interior e, mais praticamente falando, a publicação de *Tipos psicológicos* em 1921.

Desse ponto em diante, o trabalho de Jung, apesar de dever crédito em certos aspectos ao de Freud, tornou-se distinta e irrevogavelmente contrário à teoria psicanalítica ortodoxa proposta por Freud. Jung discordava muito da posição por parte de Freud da sexualidade como causa fundamental da neurose e achava que a ênfase unilateral na sexualidade dentro da psicanálise como *a* força motriz primária no desenvolvimento psicológico era infundada. Por causa da centralidade da sexualidade dentro da teoria psicanalítica, muitos dos escritos de Jung sobre psicanálise dentro da *Obra Completa* se concentram na relativa importância ou na falta de importância da sexualidade. Jung achava o conceito da ortodoxia dentro dos ciclos psicanalíticos opressivo e não científico ao extremo, e ele era da opinião, expressada mais de uma vez, que o dogma era mais apropriado a sermões de igreja do que às teorias de uma ciência moderna. Como a teoria dos tipos psicológicos de Jung se ampliou largamente a partir da experiência dele com Freud e do desejo dele de explicar teorias divergentes a respeito dos mesmos fenômenos psicológicos observados empiricamente, podemos nos permitir comentar que os escritos de Jung podem ser uma prova de que Jung e Freud tinham personalidades diferentes tipologicamente falando – Jung era o intuitivo introvertido, Freud era o pensador extrovertido.

Igualmente válida, entretanto, é a alegação de Jung de que a carreira dele já estava estabelecida antes de ele conhecer Freud e que ele já tinha desenvolvido uma série de ideias próprias que não eram derivadas das teorias psicanalíticas de Freud. Os dois exemplos mais importantes da influência de Jung sobre a teoria freudiana são o conceito do complexo, que surgiu a partir do trabalho de associação de palavras de Jung, e a insistência de Jung para que os terapeutas de psicanálise fizessem análise. Assim, por mais interligadas que as carreiras deles fossem em certo momento histórico, Jung começou e terminou seu relacionamento com Freud, pessoal e teoricamente, sendo um pensador independente pelos próprios méritos.

O volume 4 da *Obra Completa*, intitulado *Freud e a psicanálise*, reúne os principais escritos de Jung do período em que ele estava associado a Freud e do período posterior. A parte principal do volume, "Tentativa de apresentação da teoria psicanalítica", foi escrito como uma série de nove palestras e está indicada em "Para começar" porque ele fornece um resumo básico excelente das visões psicanalítica de Jung de modo extensivo e bem organizado. O restante desse volume consiste de fragmentos de escritos de Jung sobre psicanálise, que foram organizados aqui em "Para aprofundar", para mostrar os estágios do pensamento de Jung a respeito da teoria freudiana: artigos que mostram que ele dava razão em geral e, de fato, às vezes, até fazia apologia a Freud e à teoria psicanalítica; e finalmente artigos que mostram que Jung rompeu totalmente com Freud, alguns dos quais são surpreendentemente veementes. Os artigos que se dedicam às repostas técnicas a vários críticos ou escritores foram omitidos aqui; o leitor mais estudado vai provavelmente achar esses de mais interesse do que o público em geral. A correspondência entre Jung e Löy deve ser levada em consideração e lida devido ao modo com que revela um Jung mais relaxado e pé no chão do que o Jung que geralmente vemos em suas publicações formais. Também incluídos, estão dois artigos curtos que Jung escreveu a respeito de Freud, que embora não sejam particularmente profundos nem elucidativos, têm certo grau de interesse histórico.

A autobiografia de Jung está listada aqui devido ao relato que inclui do relacionamento dele com Freud, embora o volume de Liliane Frey-Rohn trate do material teoricamente, fornecendo uma comparação ponto a ponto das ideias principais das psicologias junguiana e freudiana. O volume de cartas entre Freud e Jung – um volume cuja criação pareceu nada mais do que uma conferência de desarmamento entre duas superpotências – deve ser lido para o melhor conhecimento possível desses dois grandes homens, do relacionamento deles e do fracasso deles em permanecerem amigos e colegas.

Para começar

"Tentativa de apresentação da teoria psicanalítica", OC 4, prefácio e § 20-522.

Para aprofundar

"A teoria freudiana da histeria", OC 4, § 27-63.

"A análise dos sonhos", OC 4, § 64-94.

"Contribuição à psicologia do boato", OC 4, § 95-128.

"A respeito da crítica à psicanálise", OC 4, § 194-196.

"A respeito da psicanálise", OC 4, § 197-202.

"Aspectos gerais da psicanálise", OC 4, § 523-556.

"Sobre a psicanálise", OC 4, § 557-575.

"Questões atuais da psicoterapia: correspondência entre C.G. Jung e R. Löy", OC 4, § 576-669.

"Introdução a *A psicanálise* de W. M. Kranefeldt", OC 4, § 745-767.

"A divergência entre Freud e Jung", OC 4, § 768-784.

"Sigmund Freud, um fenômeno histórico-cultural", OC 15, § 44-59.

"Sigmund Freud", OC 15, § 60-73.

"A psicologia profunda", OC 18/2, § 1.142-1.162.

Obras relacionadas

"A interpretação psicológica dos processos patológicos", OC 3, § 388-424.

"A psicologia da *dementia praecox*: um ensaio", OC 3, p. 1-137.

Fontes secundárias

FREY-ROHN, L. *From Freud to Jung*: A Comparative Study of the Psychology of the Unconscious. Nova York: C.G. Jung Foundation for Analytical Psychology, 1974.

JUNG, C.G. & JAFFÉ, A. *Memories, Dreams, Reflections*. Nova York: Vintage Books, 1965 [*Memórias, sonhos, reflexões*. Rio de Janeiro: Nova Fronteira, 1975].

McGUIRE, W. (org.). *The Freud/Jung Letters*: The Correspondence between Sigmund Freud and C.G. Jung. Princeton: Princeton University Press, 1974 [*Freud/Jung*: Correspondência completa. Rio de Janeiro: Imago, 1993].

30

Esquizofrenia

Os escritos de Jung sobre esquizofrenia representam uma porção principal de seu trabalho inicial e formam uma importante parte da literatura psiquiátrica do início do século XX sobre doença mental. Em seu trabalho no Hospital Burghölzli, em Zurique, sob a direção de Eugen Bleuler e como sucessor de Bleuler na diretoria, Jung esteve intimamente envolvido com o tratamento do que era então chamado de *dementia praecox* ou senilidade precoce. Como os sintomas dessa doença – alucinações, ilusões, maneirismos estranhos, afastamento social e pensamento desordenado – formavam a definição por excelência de insanidade na época, o trabalho de Bleuler foi instrumental para trazer alguma ordem às formulações clínicas a respeito dessa condição, que Bleuler renomeou de esquizofrenia. Bleuler veio a entender a esquizofrenia não como uma doença mental uniforme única, mas como um grupo de síndromes psicóticas variadas, mas geralmente crônicas, e, mais tarde, ele viu que essas síndromes eram todas caracterizadas por uma fragmentação da consciência – daí, o "cérebro dividido" da nomenclatura dele, muitas vezes interpretado como personalidade múltipla ou dividida.

Enquanto trabalhava sob a direção de Bleuler, Jung foi apresentado à obra de Freud e Bleuler sobre histeria; em especial, a publicação da obra-prima de Freud, *A interpretação dos sonhos*, deu a Jung mais uma peça do quebra-cabeça psicológico a respeito da esquizofrenia, uma peça que havia sido demonstrada pelos próprios experimentos de associação de palavras de Jung: a compreensão de que a esquizofrenia não poderia ser simplesmente uma doença orgânica da mente, mas que havia um componente não orgânico e psicológico por trás de muito do que parecia uma sintomatologia psicótica sem sentido. Usando os *insights* de Freud quanto à natureza do processo inconsciente e dos conflitos, junto com o próprio conceito dele de complexo sentimental autônomo, Jung empregou muito tempo e esforço tentando rastrear as causas psicológicas e emocionais da esquizofrenia por meio de uma meticulosa escuta das histórias de seus pacientes e por uma escrupulosa atenção aos detalhes da doença deles. Assim, Jung fez pelos pacientes psicóticos o que Freud e Bleuler tinham feito pelos histéricos, mostrando que o comportamento insano do esquizofrênico era, na verdade, a expressão de conflitos emocionais intoleráveis, uma emergência de complexos inconscientes que, então, afogam o eu individual e fazem com que o paciente cognitiva e comportamentalmente perca o contato com a realidade.

Por esse motivo, Jung compreendeu que os sintomas bizarros dos pacientes psicóticos, apesar de obviamente mais graves e debilitantes nos esquizofrênicos, não eram de fato tão diferentes dos observados em pacientes normais ou neuróticos: expressões simbólicas de material inconsciente. No contexto do pensamento médico daquele período, essa interpretação psicanalítica da esquizofrenia era bem revolucionária, mesmo que Jung sempre concordasse com a ideia aceita, sustentada na época e apoiada hoje por pesquisas e experiências volumosas, de que alguma espécie de fator químico orgânico também devesse estar envolvido no aparecimento da esquizofrenia. A contribuição de Jung para o entendimento da esquizofrenia, portanto, está entre os mais importantes trabalhos da psicologia moderna, sintetizando o pensamento psicanalítico e o médico com as próprias ideias dele, retiradas do início de sua carreira psiquiátrica.

O volume 3 da *Obra Completa* reúne todos os escritos de Jung sobre o tema, incluindo uma série de palestras curtas e artigos sobre esquizofrenia que foram escritos após o rompimento dele com Freud. Todos esses artigos, incluindo o trabalho principal dele sobre o assunto, "O problema da psicogênese nas doenças mentais", são surpreendentemente relevantes e de fácil leitura, dadas as datas em que foram escritos. Duas exceções devem ser mencionadas aqui, entretanto: a primeira parte do artigo mencionado acima contém uma crítica intrincada e não mais muito útil da literatura sobre esquizofrenia da virada do século, e o artigo intitulado "A interpretação psicológica dos processos patológicos", apesar de ter sido publicado junto com um dos artigos de Jung sobre esquizofrenia, é uma divagação epistemológico-filosófica que realmente tem pouco a ver com esquizofrenia. Com essas duas exceções em mente e armado com uma certa familiaridade com o conceito de complexo de Jung, pode-se ler os artigos contidos nesse volume de modo muito recompensador como ele está organizado. A ordem basicamente cronológica desses artigos nos dá uma noção do desenvolvimento do pensamento de Jung sobre a esquizofrenia por meio e para além de sua associação com a psicanálise.

John Weir Perry talvez seja o mais conhecido analista junguiano a ter seguido a orientação de Jung em relação ao significado e ao tratamento da psicose. Os dois livros dele se mantêm como as principais contribuições ao tema na literatura junguiana. A compilação de artigos recentes sobre psicose e seu tratamento está incluída também, provando a utilidade perene das posturas e técnicas de Jung.

Para começar

"A psicologia da *dementia praecox*: Um ensaio", OC 3, § 1-36.
"O conteúdo da psicose", OC 3, § 317-387.

Para aprofundar

"Crítica a E. Bleuler: Sobre a teoria do negativismo esquizofrênico", OC 3, § 425-437.

"A importância do inconsciente na psicopatologia", OC 3, § 438-465.

"O problema da psicogênese nas doenças mentais", OC 3, § 466-475.

"Doença mental e psique", OC 3, § 496-503.

"A psicogênese da esquizofrenia", OC 3, § 504-541.

"Novas considerações sobre a esquizofrenia", OC 3, § 542-552.

"A esquizofrenia", OC 3, § 553-584.

Obras relacionadas

Alhures neste livro, cf. as listas de leitura no capítulo 2, "Complexo", e no capítulo 16, "Eu".

Fontes secundárias

KILLICK, K. & SCHAVERIEN, J. (orgs.). *Art, Psychotherapy and Psychosis*. Londres: Routledge, 1997.

PERRY, J.W. *The Self in Psychotic Process*. Dallas: Spring, 1987.

_____. *The Far Side of Madness*. Englewood Cliffs: Prentice-Hall, 1974.

31

Desenvolvimento da criança e psicologia

Diferentemente da teoria psicanalítica, com sua ênfase na etiologia e na influência de traumas infantis no desenvolvimento psicossexual subsequente, as posições teóricas de Jung o levaram para fora do domínio da infância como a única base para o estudo psicológico, já que Jung considerava o desenvolvimento psicológico um fenômeno que dura a vida toda, não uma tarefa completada ao final da puberdade. Jung consequentemente escreveu pouco sobre o desenvolvimento e a psicologia da criança em comparação com o interesse maciço e contínuo na criança dentro dos círculos freudianos. Os artigos sobre desenvolvimento e psicologia da criança dentro da *Obra Completa* foram escritos em grande parte em resposta a convites feitos a Jung como um dos principais psicólogos de seu tempo para falar em várias convenções de educadores sobre suas teorias psicológicas e a aplicação delas na educação. Essa situação consequentemente dá a esses escritos uma certa acessibilidade que muitos dos outros escritos de Jung não têm, já que foram escritos principalmente para plateias de leigos interessados na aplicação do conhecimento psicológico.

Entre as principais ideias de Jung sobre a psicologia e o desenvolvimento da criança está que a criança normal vive psicologicamente num estado de inconsciência a partir do qual vários momentos isolados de consciência aparecem, como ilhas em um oceano, e que essas ilhas de consciência gradualmente se tornam maiores e maiores até que o complexo do eu finalmente se cristaliza e permite uma maior ou menor percepção consciente contínua de si e dos outros. Apesar de Jung não poder senão reconhecer os vários distúrbios psicológicos que afligem as crianças em momentos de seu desenvolvimento, ele viu que muitos, senão a maioria, desses distúrbios se deviam mais à absorção da criança de conflitos a partir do material inconsciente reprimido ou denegado dos pais do que a qualquer distúrbio inerente à criança. Jung, portanto, achou mais útil que os pais da criança perturbada fizessem análise do que tratar a criança sozinha, e os relatórios de casos de trabalho com crianças refletem a opinião dele de que as causas do distúrbio da criança deveriam ser encontrados no inconsciente dos adultos que cercam a criança.

No estado de inconsciência da infância, que Jung considerava normal, ele percebia uma imagem do inconsciente coletivo ou racial. A teoria dele de que o indivíduo humano recapitula durante seu desenvolvimento psicológico individual os estágios pelos quais a espécie passou em seu desenvolvimento psicológico como um todo é, desta maneira, aplicada às crianças cujo estado inconsciente as permite acessar o inconsciente coletivo de toda a humanidade de uma maneira que os adultos subsequentemente perdem por meio do desenvolvimento do eu. Assim como a inconsciência precede a consciência coletivamente, assim, também, acontece nos estágios do desenvolvimento individual. Por isso, Jung considerava que muitos dos símbolos nos sonhos e jogos das crianças era expressão direta de material do inconsciente coletivo e, como tal, extremamente valiosa para aumentar o nosso conhecimento desse estrato de experiência psíquica compartilhada.

A lista de leitura é organizada com base na ideia de que os relatos daquilo que Jung *fez* com as crianças em análise são de mais fácil leitura, pelo menos inicialmente, do que as *teorias* dele sobre desenvolvimento e análise da criança. Em "Para começar", portanto, encontram-se três estudos de casos do trabalho de Jung com crianças;

"Para aprofundar", então, inclui o material mais conceitual e teórico da *Obra Completa*.

Certos seguidores de Jung levaram as teorias dele sobre desenvolvimento e psicologia da criança muito mais adiante do que os artigos na *Obra Completa* fizeram, desenvolvendo técnicas terapêuticas tanto para adultos como para crianças, mais notavelmente a terapia do jogo de areia, que busca trazer à consciência os símbolos do inconsciente coletivo tão proeminentes na psicologia de crianças: Dora Kalff foi a que mais se destacou nesse aspecto. Embora um pouco ultrapassado, o livro de Frances G. Wickes, *The Inner World of Childhood*, dá uma boa visão do pensamento junguiano mais clássico sobre a psicologia e o desenvolvimento da criança; o prefácio de Jung para a edição alemã do livro dela está incluído no volume 17 da *Obra Completa* e indicado na lista a seguir.

Para começar

"Sobre os conflitos da alma infantil", OC 17, prefácio e § 1-79.

"Contribuição à psicologia do boato", OC 4, § 95-128.

"Tentativa de apresentação da teoria psicanalítica", OC 4, esp. parte 9, "Um caso de neurose infantil", § 458-522.

Para aprofundar

"Psicologia analítica e educação", OC 17, § 127-229.

"A importância da psicologia analítica para a educação", OC 17, § 98-126.

"O bem-dotado", OC 17, § 230-251.

"A importância do inconsciente para a educação individual", OC 17, § 253-283.

"A formação da personalidade", OC 17, § 284-323.

Obras relacionadas

"A importância do pai no destino do indivíduo", OC 4, § 693-744.

"Aspectos psicológicos do arquétipo materno", OC 9/1, § 148-198.

Fontes secundárias

KALFF, D.M. *Sandplay*: A Psychotherapeutic Approach to the Psyche. Boston: Sigo Press, 1980.

WICKES, F. *The Inner World of Childhood*. 3. ed. Boston: Sigo Press, 1988.

32

Amor e casamento

Por mais ampla que fosse a competência psicológica de Jung, por mais transformadora que fosse sua visão psicológica, por mais importante que fosse sua introversão, ele, contudo, levava uma vida cotidiana comparativamente normal. Casado com uma mulher forte e inteligente que muitas vezes era colega profissional e apoio emocional, pai de seis filhos, amigo íntimo de muitos homens e mulheres, professor e guia de muitos de seus analisandos, Jung era raramente o recluso Velho Sábio isolado em seu estudo, examinando antigos manuscritos e produzindo textos místicos. Pelo contrário, Jung era um homem que estava no centro de muitas relações importantes e duradouras e, por isso, em vários momentos, ele punha a caneta sobre o papel para descrever o que ocorria *entre* as pessoas e não simplesmente o que ocorria dentro da alma individual.

Seus escritos sobre amor e casamento, embora atípicos de grande parte do corpo de seu trabalho, entretanto, fazem uso do conceito dele de projeção de *anima/animus* para explicar como uma onda inicial de atração mútua pode estar relacionada mais com uma parte projetada de um sendo visto no outro do que a uma ligação verdadeira. Apesar de Jung ter compreendido a projeção como o conceito é geralmente compreendido – a saber, a imputação inconsciente de qualidades, sentimentos ou pensamentos de uma pessoa a outra –, ele também considerava a projeção mais valiosa do que um simples mecanismo de defesa contra impulsos ou pensamentos inaceitáveis. Por meio da projeção, a psique é capaz de mostrar continuamente ao indivíduo aquilo que existe dentro dele, mas que ainda precisa se tornar consciente ou integrado. Dessa maneira, a projeção serve à tendência em direção à totalidade da psique, fornecendo oportunidades para integrar os opostos que estão sendo separados e projetados em outras coisas e pessoas.

Essencial ao curso da análise e obviamente ao processo de individuação é diferenciar o que a pessoa projeta nos outros das próprias qualidades e dinâmicas interiores dela, com o objetivo de retirar o poder das qualidades projetadas por outros e integrar esses aspectos na sua própria noção de si mesmo. Essa tarefa, Jung deixa claro, é essencial para a ligação verdadeira com o outro também, já que a ligação verdadeira é possível só após o normalmente trabalhoso (e às vezes doloroso) processo de se despir das projeções mútuas tiver terminado, revelando a outra pessoa em toda a sua realidade. Sempre pragmático, Jung reconhece que muitos relacionamentos não sobreviveriam a tal processo e muitas vezes não sobrevivem, terminando em rompimento ou em um tipo de acomodação psicológica na qual a intimidade verdadeira é sacrificada em prol do conforto ou da segurança.

Com isso, Jung introduz o conceito do envolvente e do envolvido dentro de um casamento para descrever essa dinâmica de acomodação psicológica – como a força de um parceiro permite a fraqueza do outro, como um fornece o receptáculo forte enquanto o outro cai no papel do dependente, do participante envolvido na relação –, e o resultado, obviamente, é que a relação infantil pai-filho é recriada e os dois membros do casal sofrem de um tipo de imaturidade psicológica institucionalizada. Nos escritos de Jung sobre amor e casamento, o que se manifesta mais claramente é a necessidade de ambos participantes do casal de serem individuados psicologicamente para que a intimidade verdadeira ocorra e para que o perigo de uma relação verdadeira seja apresentado pela adoção inconsciente de formas coletivas de relacionamento, como o casamento. Como o centro da individuação é tanto a consciência quanto a escolha, ambas qualidades podem ser colocadas em grande risco ou podem ser os instrumentos da maior transformação possível da vida na hora do amor e do casamento.

Embora essas questões sejam levantadas nas muitas discussões de Jung sobre *anima/animus*, e sobre Eros e Logos, os dois artigos de Jung que se concentram nessas questões mais claramente a partir de uma perspectiva exterior são "O casamento como relacionamento psíquico" e "O problema amoroso do estudante". "A mulher na Europa" é indicado para uma exploração mais profunda, devido ao modo como essas questões são abordadas por Jung em suas discussões sobre a posição social e psicológica das mulheres na sociedade moderna. As fontes secundárias incluem o exame bem conhecido dessas questões por Adolf Guggenbühl-Craig; a abordagem junguiana feminista e mais provocativa da terapia de casais de Polly Young-Eisendrath; a investigação popular do relacionamento amoroso por Linda Leonard a partir de uma perspectiva simbólico-junguiana; e finalmente, uma obra de John Desteian, analista junguiano e mediador de divórcios.

Para começar

"O casamento como relacionamento psíquico", OC 17, § 324-345.
"O problema amoroso do estudante", OC 10/3, § 197-235.

Para aprofundar

"A mulher na Europa", OC 10/3, § 236-275.

Obras relacionadas

Alhures neste livro, cf. as listas de leitura do capítulo 9, "Eros e Logos/masculino e feminino", e do capítulo 19, "*Anima/animus*".

Fontes secundárias

DESTEIAN, J. *Coming Apart/Coming Together*: The Union of Opposites in Love Relationships. Boston: Sigo Press, 1988.

GUGGENBÜHL-CRAIG, A. *Marriage* – Dead or Alive. Dallas: Spring, 1977 [*O casamento está morto*. Viva o casamento! São Paulo: Símbolo, 1980].

LEONARD, L. *On the Way to the Wedding*. Boston: Shambhala, 1986 [*No caminho para as núpcias*. São Paulo: Paulus, 2000].

YOUNG-EISENDRATH, P. *Hags and Heroes*: A Feminist Approach to Couple Psychotherapy. Toronto: Inner City Books, 1984 [*Bruxas e heróis*. São Paulo: Summus, 1995].

33

Fenômenos ocultos

Junto com seu interesse por discos voadores, alquimia e ocorrências sincronísticas, o interesse de Jung por fenômenos ocultos tem sido normalmente malcompreendido e erroneamente caracterizado de ingênuo, não científico e trivial. Inegável é a atenção que Jung dava ao que ele denominava, de modo bastante significativo, "os chamados fenômenos ocultos", como fantasmas, aparições, visões sobrenaturais, manifestações mediúnicas ou espiritualistas, como transes, mesa branca, levitação, psicografia e o que seria chamado hoje de incorporação de espíritos desencarnados ou de pessoas falecidas. A tese de doutorado de Jung, "Sobre a psicologia e patologia dos fenômenos chamados ocultos", contida no volume 1 da *Obra Completa*, era, na verdade, um estudo das habilidades mediúnicas do primo dele e foi uma das primeiras demonstrações do interesse contínuo de Jung pelo sobrenatural e pelo irracional.

O que muitas pessoas geralmente não apreciam, contudo, é a atitude de Jung em relação a esses fenômenos ocultos. Longe de ser crédulo, Jung desenvolveu teorias psicológicas a respeito das causas de tais fenômenos que, no máximo, levam a um desmascaramento total das alegações literais de tais médiuns. Embora ostensivamente incorporando e contatando os espíritos do além, esses médiuns, na opinião de Jung, estão simplesmente canalizando conteúdos inconscientes de seus próprios complexos cindidos e autônomos de poder e vividez extraordinários. Esses complexos, Jung coloca, são os espíritos ocultos responsáveis por muitas das ocorrências e das visões sobrenaturais que chamam a atenção e são relatadas por tantas pessoas. O título da tese de Jung deixa claro que esses fenômenos podem ser *chamados* de ocultos, mas geralmente são manifestações de estados psicológicos que podem ser patológicos ou histéricos. Como Jung começa sua tese listando exemplos de tal comportamento espiritualista em casos que vão desde o levemente perturbado ao francamente psicopático, o interesse psiquiátrico cético dele nesses fenômenos é deixado amplamente claro.

Embora Jung certamente deixe a porta aberta para provas subsequentes da realidade dessas comunicações com os espíritos, ele, no entanto, assume uma postura psicológica firmemente racional em relação a esses eventos, uma posição que pode muito bem consternar muitos dos atuais espiritualistas da Nova Era que veem nos escritos de Jung um apoio para muitas das alegações transpessoais, mas que podem não se sentir tão confortáveis com Jung após ler os escritos dele específicos sobre esse tema. Apesar de sua postura duvidosa em relação a essas ocorrências, Jung nunca, em nenhum momento, abandona a realidade *psicológica* desses fenômenos, vendo, dentro dessas crenças, dessas visões e desses eventos, imagens que apontam para os símbolos do inconsciente coletivo, símbolos cujos efeitos irracionais, mas inegáveis, não podem – na verdade, não devem – ser subestimados. Além disso, com sua teoria da sincronicidade, elaborada mais tarde na sua carreira, Jung fornece mais explicações subjetivas e psicológicas acerca das coincidências ou ocorrências incomuns e aparentemente ocultas, considerando esses eventos como essencialmente acausais, uma visão que abala ainda mais o pensamento mágico de causa e efeito de tantos praticantes de ciências ocultas.

Investigar de maneira racional os fenômenos que são fundamentalmente irracionais pode ser um feito científico difícil de se realizar com êxito. O leitor pode questionar o êxito dos escritos de Jung sobre o oculto. Em "Para começar", eu listo a tese de Jung sobre o oculto e um breve comentário sobre ela, enquanto que, em "Para aprofundar", eu recomendo uma coleção de artigos curtos e prefácios de vários livros, nos quais Jung continua suas discussões sobre os fenômenos espiritualistas.

Como a preocupação da vida após a morte é uma característica consciente de muito do pensamento e da prática ocultista, eu também menciono dois livros sobre o assunto da vida após a morte de Aniela Jaffé e de Marie-Louise von Franz, colaboradoras de longa data de Jung, que tratam o assunto a partir de um ponto de vista tipicamente junguiano (ou seja, psicológico). O livro de Sallie Nichols, *Jung and Tarot* (*Jung e o tarô: Uma jornada arquetípica*), demonstra como os *insights* de Jung em relação à natureza e a função do simbolismo inconsciente podem ser aplicados psicologicamente, e não de uma forma pressagiosa ingênua, ao uso das cartas de tarô.

Para começar

"Sobre a psicologia e patologia dos fenômenos chamados ocultos", OC 1, § 1-150.
"Erros históricos de leitura", OC 1, § 151-165.

Para aprofundar

"Sobre o ocultismo", OC 18/1, § 695-789.

Obras relacionadas

"O problema psíquico do homem moderno", OC 10/3, § 148-196.
"A alma e a morte", OC 8/2, § 796-815.
"Sincronicidade: um princípio de conexões acausais", OC 8/3, p. 437-523.

Fontes secundárias

JAFFÉ, A. *Apparitions*: An Archetypal Approach to Death Dreams and Ghosts. Dallas: Spring, 1979.

NICHOLS, S. *Jung and Tarot*: An Archetypal Journey. York Beach: Samuel Weiser, 1980 [*Jung e o tarô*: Uma jornada arquetípica. São Paulo: Cultrix, 1988].

VON FRANZ, M.-L. *On Dreams and Death*. Boston:, 1986. Chicago: Open Court, 1997 [*Os sonhos e a morte*. São Paulo: Cultrix, 1990].

34

Ovni

A metáfora do guia à *Obra Completa* foi escolhido deliberadamente, já que, ao ler a coleção dos escritos de Jung, a pessoa pode se sentir como se estivesse passeando por uma grande cidade europeia onde, ao dobrar certa esquina, algo bastante incomum e fascinante surge, algo comum para aquela hora e aquele lugar, mas ainda assim extraordinário e muito diferente. Os escritos de Jung sobre os objetos voadores não identificados, ou ovnis, podem representar uma descoberta muito intrigante em nosso passeio pelos escritos dele. O interesse de Jung pelo sobrenatural e pelo inexplicável, ou como ele poderia colocar, pelo irracional, foi uma característica de toda a vida dele, começando pelos seus primeiros escritos sobre fenômenos ocultos, estendendo-se pelo período principal de seus escritos e pesquisas sobre mitologia e alquimia e se direcionando ao final da vida para os exemplos modernos da imaginação mítica em ação. Infelizmente, o interesse de Jung nesses fenômenos psíquicos irracionais é muitas vezes mal interpretado como credulidade ou falta de sofisticação, mas os escritos de Jung sobre discos voadores exemplificam mais uma vez certas características da abordagem dele a tais fenômenos.

O foco de Jung, em primeiro lugar e sempre, é psicológico. O objetivo dele ao analisar os vários relatos de discos voadores – "coisas vistas no céu" – não é estabelecer o que é verdadeiro ou falso nesses relatos, mas investigar o significado psicológico de tais relatos para os indivíduos envolvidos ou para a cultura mais ampla. Esse foco psicológico não requer que Jung acredite que visitantes de outro planeta estejam realmente visitando a Terra nem exige que ele refute essas alegações. Para o foco psicológico de Jung, a crença daqueles indivíduos em ter visto o que viram no céu é o suficiente. Assim, quer os discos voadores realmente existam ou não, Jung sustenta que esses elementos, mesmo que literalmente falsos, são, contudo, fatos psíquicos sujeitos a investigação psicológica e simbólica.

Em segundo lugar e de modo igualmente característico, Jung examina a possibilidade de tais visões de ovnis no mundo todo terem um significado coletivo, uma importância mítica para as pessoas da modernidade. Por esse motivo, Jung revela, do modo mais surpreendente, imagens e visões semelhantes em relatos mitológicos e históricos. Ele evoca esse material não como um ufólogo crédulo que busca estabelecer a realidade objetiva dos discos voadores. Em vez disso, ele usa essas amplificações históricas e coletivas para se perguntar a respeito da importância de tais visões no momento histórico da época. Que coisa é essa proveniente do inconsciente que, por ter sido denegada, reprimida ou não totalmente aceita, parece estar projetada no mundo físico e é vista como algo estranho, alienígena e assustador? O que está buscando contato conosco a partir do nosso interior? Sendo assim, Jung trata os relatos de ovnis como trataria de sonhos: são dignos de investigação, fecundos em significados psicológicos e estão conectados com a história coletiva da condição humana.

Os artigos que tratam dessas visões deixam claro que Jung vê os ovnis como símbolos do Si-mesmo, especialmente por causa da forma de mandala de muitas dessas espaçonaves alienígenas. Dado o período histórico dessas visões – imediatamente a seguir da fragmentação e da desarticulação psíquica causadas no mundo todo pela Segunda Guerra Mundial – a aparência do Si-mesmo nessas visões misteriosas é a hipótese única e a contribuição à literatura crescente da parte de Jung sobre esses encontros imediatos. Sob a luz dessa hipótese, pode-se imaginar o que os relatos populares da atualidade significam, já que eles vão muito além de meras visões nos céus e hoje estão cheios de histórias de contatos reais com extraterrestres, abduções por parte de alienígenas, experiências forçadas em espaçonaves de outro mundo e comunidades espirituais inteiras fundadas e estruturadas em torno de sua crença nos ovnis. Se a mitologia popular dos ovnis é centrada em manifestações do Si-mesmo, podemos nos perguntar se o atual estado dos relatos de ovnis é uma progressão para uma sensação maior de relação com o universo como um todo ou uma determinada projeção regressiva dessa totalidade fora de nós mesmos em direção aos vastos céus acima de nós.

Chega a ser interessante que nenhum trabalho de analistas junguianos siga os passos de Jung na investigação do significado simbólico dos avistamentos de ovnis. Certamente, as exigências de se criar uma psicologia terapêutica funcional e a enorme tarefa de pesquisa da mitologia do passado deixou pouco tempo para que os analistas se dedicassem à mitologia da cultura popular atual. Talvez a terceira geração de analistas junguianos faça uma contribuição substancial para esclarecer o que exatamente nós achamos que vemos vindo de longe de nós nesses avistamentos completamente sobrenaturais dos céus.

Para começar

"Um mito moderno: Sobre coisas vistas no céu", OC 10/4, § 589-824.

Para aprofundar

"Sobre os discos voadores", OC 18/2, § 1.431-1.444.

Obras relacionadas

Tipos psicológicos, OC 6, esp. cap. 11, "Definições", em "Si-mesmo", § 902.

"O simbolismo do mandala", OC 9/1, § 627-718.

35

Arte moderna e crítica de arte

O volume 15 da *Obra Completa* contém um quarteto de artigos curtos que Jung escreveu a respeito de arte, um quarteto que, na verdade, é composto de dois duos, por assim dizer: um par de artigos sobre a questão geral da relação entre arte e psicologia e outro par de artigos nos quais Jung aplicou sua compreensão psicológica a dois grandes artistas do século XX, James Joyce e Pablo Picasso. A falta de qualquer desenvolvimento extensivo sobre esse tema por parte de Jung e o fato de que três desses quatro artigos foram escritos sob encomenda é prova de que a relação entre arte e psicologia não despertava grande interesse em Jung. Mesmo assim, temos a sensação de que, dado o uso crítico extensivo ao qual a teoria psicanalítica de Freud fora submetida, Jung se sentiu obrigado a expressar sua própria visão, especialmente porque, durante sua carreira, ele vira o quanto a produção de símbolos era importante e transformadora para a alma humana.

Na relação entre arte e psicologia, Jung pede novamente que abandonemos uma abordagem analítica reducionista ao trabalho criativo e abordemos a obra de arte em seus próprios termos, em vez de procurar as causas psicológicas de qualquer obra de arte. Além disso, Jung separa a psicologia do artista individual da validade do trabalho criativo daquele artista, que, na opinião de Jung, permanece vivo ou é esquecido pelos méritos de suas próprias conquistas, em vez de ser criticado pela sanidade ou pela neurose do artista e criador. Essas duas posições são, em certos aspectos, reações não muito dissimuladas às incursões na crítica de arte feitas por Freud e seus seguidores, e Jung parece muito confortável com a conclusão de que os grandes artistas são quase sempre indivíduos excepcionais para os quais as categorias psicológicas normais não se aplicam. Dada a própria produção criativa abundante de Jung durante sua vida toda, a questão da criatividade artística, de seu custo psicológico, e de seu valor para a vida individual e coletiva havia claramente sido vivenciada na pele por ele durante muitos e muitos anos.

O artigo sobre *Ulisses*, de Joyce, tem uma história fascinante, descrita no apêndice a essa versão na *Obra Completa*; o apêndice, na verdade, pode despertar mais interesse do que o próprio artigo, que é, em grande parte, uma crônica das dificuldades de Jung em captar o sentido do fluxo de consciência que era o estilo de Joyce. O artigo de Jung sobre Picasso é igualmente interessante, mas dificilmente revolucionário. Percebemos que, por mais inovadora e progressista que fosse a psicologia de Jung, o homem Jung tinha dificuldade de penetrar no mundo desses artistas arquetipicamente modernos, como se Jung ainda vivesse no mundo do século XIX, enquanto Joyce e Picasso estavam programaticamente desmantelando esse mundo para descrever o caráter verdadeiro do século XX, com sua falta de sentido, sua desordem, sua anomia, sua falha de comunicação e seu conhecimento. A facilidade com que Jung consegue captar o significado psicológico de outras obras literárias mais antigas – como *Fausto*, de Goethe; *Prometeu e Epimeteu*, de Spiteller; ou *Assim falou Zaratustra*, de Nietzsche – empresta subsídios a essa observação. Embora Jung reconheça esse colapso moderno do sentido – de fato, esse colapso é uma grande preocupação para ele em seus escritos como psicólogo – a contribuição de Jung para a cura e a compreensão da doença do século XX não está na crítica de arte, mas na psicologia. Do

mesmo modo, os *insights* de Jung, nesses quatro artigos e em seus outros escritos sobre a natureza e a função do símbolo, formam a base
para tentativas subsequentes por parte dos seguidores de Jung de for-
mular as implicações psicológicas de várias obras de arte, da pintura
ao cinema, seguindo o espírito da psicologia de Jung, preocupada
com o efeito positivo e transformativo da produção de símbolos na
vida da alma. As duas compilações de ensaios sobre arte e criatividade
de Erich Neumann permanecem clássicas dentro do pensamento junguiano e devem ser lidas. As visões contemporâneas são representadas por dois livros, um deles é uma compilação de trabalhos apresentados em conferências, o outro é uma aplicação incomum e que faz
pensar o pensamento de Jung. Para mais exemplos de formas contemporâneas nas quais os conceitos de Jung foram aplicados à arte e
à cultura, qualquer um dos quatro periódicos junguianos dos Estados
Unidos são altamente recomendados. Esses periódicos quase sempre
incluem algum tratamento psicológico analítico de uma obra de criação, seja um livro, um filme, uma ópera ou uma exibição de arte. O
leitor interessado deve consultar esses periódicos para ver como o *insight* psicológico junguiano está sendo aplicado à arte e à cultura contemporâneas.

Para começar

"Relação da psicologia analítica com a obra de arte poética", OC 15,
§ 17-132.

"Psicologia e poesia", OC 15, § 133-162.

Para aprofundar

"*Ulisses*: um monólogo", OC 15, § 163-203 e apêndice.

"Picasso", OC 15, § 204-214.

Obras relacionadas

Alhures neste livro, cf. as listas de leitura do capítulo 6, "Imaginação ativa", e do capítulo 13, "Individuação".

Fontes secundárias

BARNABY, K. & D'ANCIERNO, P. *C.G. Jung and Humanities*: Toward a Hermeneutics of Culture. Princeton: Princeton University Press, 1990.

NEUMANN, E. *Creative Man*. Princeton: Princeton University Press, 1979.

_____. *Art and the Creative Unconscious*. Londres: Routledge & Kegan Paul, 1959.

PHILIPSON, M. *An Outline of Jungian Aesthetics*. Boston: Sigo, 1963, 1994.

Psychologic Perspectives: A Semi-Annual Review of Jungian Thought, publicado pelo C.G. Jung Institute of Los Angeles.

Quadrant, publicado semianualmente pela C.G. Jung Foundation, Nova York.

The San Francisco Jung Institute Library Journal, publicado trimestralmente.

Spring, publicado anualmente pela Spring, Woodstock, Conn.

PARTE IV
Assuntos esotéricos

Introdução

Esta parte é dedicada àqueles volumes da *Obra Completa* que o leitor leigo pode, de início, não estar particularmente interessado ou preparado para ler. Ao denominar essas obras de esotéricas, a intenção não é afastar quem não é especialista, mas apontar seu caráter e seu conteúdo extraordinário. Esses trabalhos exigem um conhecimento amplo de todos os escritos de Jung, bem como interesse por textos acadêmicos sobre temas que muitos caracterizariam como místicos ou filosóficos. Desse modo, os quatro volumes apresentados nesta seção não são destinados à leitura tranquila como muitos dos outros escritos de Jung; em vez disso, são obras para serem consultadas e estudadas, para serem compreendidas e saboreadas pouco a pouco, em vez de serem devoradas e digeridas todas de uma vez só (como se isso fosse possível!), escritos a serem retomados e lidos um número de vezes, e não dominados e assimilados rápida e facilmente. A escrita é rica em imagens, cheia de inter-relações simbólicas e alusões histórico-psicológicas, cheia de minúcias imagísticas; pode-se dizer com segurança que o leitor completamente sem familiaridade com Jung, provavelmente, não avançará muito nessas obras, mesmo com a introdução e as extensas sugestões a seguir. Entretanto, como Jung consistentemente liga suas explorações diversas ao objetivo principal dele – a saber, o conhecimento da psique em toda a sua maravilha e sua riqueza –, essas obras esotéricas acabam sendo acessíveis ao leitor assíduo e interessado, que vai encontrar nelas um depósito de riquezas psicológicas e espirituais. Como a maioria dessas obras representa o pensamento de Jung mais para o final de sua vida e de sua carreira, elas constituem um resumo inestimável da psicologia analítica, que qualquer estudioso sério de Jung deveria conhecer bem.

Três desses volumes tratam da alquimia, um tema que durante toda a vida interessou Jung, cujo conhecimento de escritos alquímicos pode ser seguramente descrito como único na moderna psicologia. A natureza extensiva do interesse de Jung pela alquimia requer uma introdução igualmente extensa, e o caráter complicado e erudito dos escritos alquímicos dele faz necessária uma introdução a cada um dos três volumes "alquímicos" da *Obra Completa* separadamente. O quarto volume a ser introduzido aqui é *Aion*, um estudo igualmente erudito e detalhado do simbolismo cristão em um contexto psicológico.

36

Jung e a alquimia

Como qualquer leitor pode ver ao avistar a *Obra Completa* em uma prateleira, o volume 12, *Psicologia e alquimia*, o volume 13, *Estudos alquímicos*, e o volume 14, *Mysterium Coniunctionis*, constituem uma porção considerável dos escritos de Jung, e o espaço físico que esses volumes ocupam indica precisamente a importância do simbolismo alquímico no pensamento de Jung. As formulações de Jung sobre a natureza da psique, sua atenção contínua aos processos psíquicos e suas próprias experiências de transformação arquetípica o levaram a ver no imaginário e no simbolismo alquímicos uma linguagem, um modo de pensar e um método, cuja história, cujo desenvolvimento e cujo foco psicológico-espiritual refletiam intimamente as próprias compreensões dele. O imaginário alquímico tinha certas vantagens, que, entretanto, na opinião de Jung, muita da terminologia psicológica moderna não tinha.

Em primeiro lugar, ao contrário de certas ideias equivocadas sobre Jung, o interesse dele pela alquimia nunca fora baseado na crença na verdade literal de certas alegações dos alquimistas, por exemplo, de que eles poderiam transformar chumbo em ouro ou realizar outras transformações físico-químicas improváveis. A atenção de Jung, ao contrário, era dedicada primariamente ao que ele chamava de alquimia filosófica, ou seja, os escritos daqueles alquimistas cujas descrições de procedimentos químicos eram especificamente planejados e reconhecidos como tratados de verdades espirituais e filosóficas. Longe de aceitar as alegações alquímicas, Jung percebia que, com as complicadas descrições físico-químicas desses textos medievais, os alquimistas estavam projetando qualidades físicas e processos deles mesmos nas substâncias e nos procedimentos físicos, e depois descreviam esses fenômenos *como se* eles estivessem ocorrendo fora deles, nas substâncias que eles estavam manipulando.

Apesar de Jung reconhecer que muitos dos textos alquímicos não fossem de fato nada mais do que receitas químicas ou exemplos de pensamento obscuro, ele, no entanto, via bem claramente que muitos alquimistas não limitavam seu campo de visão à mera transformação da matéria-prima básica e estavam tentando fornecer, com base em suas próprias experiências interiores, uma espécie de sistema psicológico, filosófico e espiritual, uma disciplina da alma, da mente e da matéria, que levaria à transformação completa do próprio alquimista como indivíduo. Além disso, a familiaridade única e abrangente de Jung com esses textos permitiu que ele apontasse que os alquimistas eram bastante explícitos em suas intenções filosóficas, percebendo eles mesmos que o ouro deles não era "ouro comum", mas um ouro espiritual, afirmando que a arte deles era tanto "ética quanto física".

Para os propósitos de Jung, consequentemente, a alquimia era um casamento perfeito, um sistema filosófico e psicológico altamente elaborado cuja linguagem era, antes de mais nada, simbólica e imaginal, em contraste com a árida e técnica linguagem científica, à qual a psicologia havia estado atrelada desde o Iluminismo. Jung descobriu dentro do imaginário alquímico uma fonte e um meio para expressar muitos de seus próprios *insights* psicológicos, que ele havia reunido aos poucos por meio de sua própria introspecção e de seu próprio trabalho analítico com pacientes, e os escritos dele dão testemunho da centralidade do imagístico alquímico em seu pensamento. Muitos termos padronizados dentro da psicologia junguiana foram extraídos diretamente de escritos alquímicos: a caracterização do trabalho analítico como um *opus*; a referência à relação analítica como um *vas*, vasilha ou recipiente; o objetivo do processo analítico como a *coniunctio*, ou união de opostos conflitantes; e a oposição das consciências solar e lunar, só para citar alguns.

Em segundo lugar, a alquimia tinha uma história longa e complexa, e representava um fluxo contínuo de uma cultura não ortodoxa e de vanguarda dentro da civilização ocidental. A alquimia e sua linguagem simbólica, portanto, carregava todo o peso cultural da mente inconsciente ocidental – que foi precisamente o trabalho de toda a vida de Jung – e fazia isso de forma relativamente sem contaminação pelo que Jung considerava as distorções psicológicas do dogma cristão. Sendo assim, os escritos alquímicos, por toda sua complexidade, permitiram que Jung estabelecesse uma ligação com uma fonte pura do inconsciente coletivo, em uma época e em um lugar na consciência histórica ocidental fora dos domínios do pensamento cristão ortodoxo.

Em terceiro lugar, Jung descobriu que os alquimistas tentavam individualmente desenvolver um método de trabalhar com a matéria e realizar a transformação. Apesar de os métodos dos alquimistas serem irracionais, para ter certeza, baseados como eles eram em projeções psíquicas no lugar do conhecimento objetivo, Jung encontrou uma descrição prática de crescimento interior nas tentativas alquímicas de sistematizar as substâncias físicas e os vários estágios das mudanças físicas que se pretendia que ocorressem durante as operações alquímicas. Esses vários termos também se inseriram em muitas descrições do processo de individuação: *nigredo*, para a noite escura da alma, quando um indivíduo se confronta com a sombra dentro dele; *separatio*, para o momento de discriminação emocional e espiritual; *mortificatio* ou *putrefactio*, para o estágio em que os velhos modos neuróticos estão sendo abandonados; *dissolutio*, para a desorientação inicial após o velho Si-mesmo ser descartado. Como psicoterapeuta, Jung considerava a natureza prática do método alquímico uma rica fonte de imagens para descrever as transformações altamente simbólicas que ocorrem na análise.

Nos escritos dos alquimistas medievais, Jung encontrou uma intenção, uma linguagem e um método que se comparavam ao programa psicológico moderno dele mesmo. A alquimia e os textos alquímicos que Jung recolheu marcaram indelevelmente seu pensamento, sua personalidade e quase todos os seus seguidores. Embora os escritos alquímicos de Jung sejam muito importantes, o leitor iniciado que os ler vai rapidamente descobrir que a alquimia nunca foi um campo de estudo unitário e coeso. Pelo contrário, a alquimia era um empreendimento altamente individualista com termos idiossincráticos e imagens que variavam de alquimista para alquimista, cada termo com seus próprios significados inumeráveis em múltiplos níveis, variando do literal ao figurativo, ao espiritual, ao filosófico e ao místico. Se as estranhas terminologias latinas ou gregas, muitas vezes extraídas do gnosticismo ou de outras fontes obscuras, não detiverem o leitor, certamente a profusão arrebatadora de imagens bizarras e incomuns se mostrará, no mínimo, um desafio formidável. Por esse motivo, o leitor leigo persistente está numa posição desconfortável em relação às obras alquímicas de Jung: elas representam parte do trabalho mais importante de Jung e, simultaneamente, talvez sejam os mais difíceis dos escritos dele em termos de serem verdadeiramente compreendidos.

Certas sugestões em relação à leitura desses volumes alquímicos pode ser útil. Em primeiro lugar, a natureza altamente impressionista do empreendimento alquímico significa que a continuidade linear e lógica não é especialmente importante na hora de ler as explicações de Jung sobre as imagens alquímicas. Ninguém precisa necessariamente começar pela primeira página e ler direto até a página 500 para aproveitar ou compreender as imagens ou os conceitos. De fato, o esquema de leitura que eu apresento para cada um dos volumes ignora a organização que Jung faz do material em favor de começar primeiro com o que o leitor comum vai provavelmente achar mais compreensível e concreto. Entretanto, o leitor pode querer abandonar todo esse esquema de leitura e simplesmente folhear os três volumes inteiros, permitindo que sua atenção recaia sobre o que quer que atraia o seu olhar, lendo o que achar interessante e estudando quaisquer figuras que despertem a sua curiosidade. Ler Jung tratar de alquimia não é uma tarefa tranquila, guiada pela luz e pela lógica, na qual sempre avançamos linearmente, mas uma tarefa hermética, uma tarefa sem curso definido, movendo-se sempre na direção das profundezas para a semiobscuridade do oceano do inconsciente coletivo ocidental – um mergulho nas profundezas em vez de uma escalada até o cume. Que o leitor seja guiado de modo apropriado.

Em segundo lugar, se, por algum motivo, alguém verdadeiramente quiser dominar essa difícil área da *Obra Completa* e quiser fazer isso seguindo a ordem com que o próprio Jung organizou o material, então, a melhor sugestão é realizar essa tarefa lentamente, dando a cada imagem e a cada símbolo tempo o bastante para que eles penetrem na mente e floresçam na imaginação antes de passar para outra imagem ou discussão. Como a linguagem da alquimia é a linguagem do inconsciente – aquela linguagem simbólica misteriosa e condensada comum aos sonhos, à poesia e à criação artística –, os escritos alquímicos de Jung devem ser tratados da mesma maneira. Assim como ninguém se beneficia verdadeiramente visitando um museu com pressa, sendo preferível ir devagar, permitindo que cada obra provoque sua própria sensação e impressão, o mesmo vale para cada parte do processo alquímico e dos paralelos psicológicos que Jung traça.

Finalmente, em terceiro lugar, o verdadeiro valor dos escritos alquímicos de Jung não está em seu valor esotérico ou puramente imaginal, mas em sua capacidade de fornecer uma linguagem simbólica para a vivência psicológica e espiritual. Em vez de tentar empreender um processo acadêmico típico de compreensão cognitiva dessas obras, portanto, é melhor tentarmos relacionar cada imagem alquímica a uma de nossas próprias experiências, interiores ou exteriores. Apesar, certamente, de muitas dessas imagens serem irremediavelmente estranhas ou fabulosas, eu imagino que seria raro que algum indivíduo não encontrasse alguma relação psicológica com elas, seja em sonhos ou na imaginação. Em meio a tais atributos em comum, a pessoa pode descobrir também que os *insights* alquímicos desafiam ou amplificam a experiência ou a compreensão internas dela. Como, em muitos aspectos, a alquimia era semelhante a uma imaginação ativa do tamanho de uma civilização, os escritos de Jung podem se tornar menos estranhos e com um pouco mais de sentido se tratados dessa mesma forma, como fontes literárias para a fantasia imaginativa e o enriquecimento psicológico.

Como provavelmente já está claro agora, esses escritos pedem do leitor certo comprometimento, uma abertura para entender suas experiências simbolicamente e uma disposição para se arriscar a se perder às vezes na riqueza do inconsciente coletivo. Contudo, os benefícios de uma relação com esses escritos do final da vida de Jung recompensam o custo do tempo e da energia gastos.

O que vem a seguir é o que pode-se chamar de um programa de leitura para Jung e alquimia. Minha esperança ao fornecer as introduções a seguir aos volumes individualmente é dar a esses escritos multifacetados alguma organização, o suficiente para indicar para o leitor as intenções e propósitos de Jung, e para apontar que volumes e seções são os mais bem organizados e os mais claros dentro da *massa confusa* dos escritos de Jung (para tomar emprestado mais um termo alquímico). Esta introdução foi escrita para os tipos pensantes primeiramente, que podem precisar conhecer o objetivo e a estrutura gerais do livro antes de se ocupar com seu corpo, apesar de os tipos sensíveis, intuitivos e emocionais poderem se ver perdidos às vezes e desejar usar o programa a seguir como uma espécie de mapa de orientação. Como já foi mencionado, Jung muitas vezes não organizava seu material de um modo útil para o leitor leigo, então escolhi organizá-lo de forma diferente, com a esperança de que os objetivos de Jung sejam alcançados e de que seus escritos sobre alquimia em especial sejam mais lidos e melhor compreendidos.

37

"Psicologia e alquimia"

O volume 12 da *Obra Completa*, com suas vastas ilustrações e sua excelente introdução, foi escrito por Jung com um público leitor geral em mente. Contudo, apenas o público leitor geral mais erudito poderia realmente atirar-se a esse volume diretamente. A ideia de Jung era fornecer uma espécie de *apologia* à alquimia, apresentando um bloco sólido de informações na forma de uma série de sonhos bastante longa extraída da análise de um indivíduo e, depois, reunindo vastos paralelos simbólicos ampliativos a partir do abrangente corpo de literatura alquímica. O argumento dele era que o imaginário alquímico sobrevivia então na alma individual por causa de sua fonte no inconsciente coletivo. Infelizmente, apesar das boas intenções de Jung, a organização que ele fez desse volume resulta em jogar o leitor não iniciado de cara em uma confusão de imagens pessoais e arquetípicas com muito pouco em termos de apoio conceitual. Além disso, o vasto aparato acadêmico e o imagístico visual arrebatador forneciam uma potente distração a um texto já abarrotado de imagens arquetípicas.

As leituras sugeridas aqui são destinadas a fornecer ao leitor, primeiro, um apoio conceitual na forma da intenção de Jung ao escrever esse livro, contido na parte 1, a introdução, e, então, uma exposição breve dos fundamentos do pensamento e dos escritos alquímicos, nos capítulos 1 a 4 da parte 3, "As ideias de salvação na alquimia". Esses capítulos apresentam certos conceitos e termos comuns aos alquimistas, expressam as ideias de Jung sobre como e o que os alquimistas estavam projetando em suas obras e dão uma noção de como os alquimistas visualizavam seu trabalho e seus primórdios. Esses capítulos vão elucidar bem como era difundida a tendência de personificar os vários procedimentos e substâncias dentro das operações alquímicas, e as várias discussões psicológicas, que Jung entremeia com seu material frequentemente repleto de imagens, demonstram o interesse de Jung no simbolismo alquímico dentro da psicologia e o uso que ele faz disso.

As duas imagens específicas que Jung explica nesse volume são de um caráter decididamente religioso: o chamado paralelo *lapis*-Cristo e o símbolo do unicórnio, discutidos nos capítulos 5 e 6 da parte 3. O *lapis*, ou pedra, era uma imagem que significava o resultado místico-químico do trabalho alquímico, aquele que os vários procedimentos complexos tinham o objetivo de produzir física e espiritualmente. Jung se interessa em observar como as descrições desse *lapis philosophorum*, a pedra dos filósofos, têm paralelos inegáveis com as descrições da natureza e da função da figura do Cristo no cristianismo. Do mesmo modo, a exploração e a amplificação do símbolo do unicórnio é realizada com a intenção de traçar paralelos explícitos com o imagístico cristão. Ao sugerir que se leia esse material geral sobre alquimia primeiro e só depois a série moderna de sonhos, que Jung apresenta como a parte 2, minha esperança é que o leitor comece então a reconhecer sozinho os temas e motivos alquímicos dentro desses sonhos, em vez de se encontrar perdido em um labirinto de imagens sem sentido e desconexas.

Dream Analysis, um seminário anteriormente não publicado que Jung deu sobre interpretação de sonhos em Zurique, antigamente apenas disponível para consulta em institutos junguianos pelo mundo todo, agora está disponível para o público em geral. Esse seminário ajuda na interpretação das séries de sonhos apresentadas em *Psicologia e alquimia*, já que os sonhos discutidos em ambas as obras são do mesmo paciente. Marie-Louise von Franz escreveu duas introduções indispensáveis a Jung e à alquimia. Igualmente útil é *Anatomy of the Psyche* [*Anatomia da psique*], de Edward Edinger, no qual cada estágio do processo alquímico é examinado separadamente segundo seu simbolismo psicológico.

Para começar

Parte 1, "Introdução à problemática da psicologia religiosa da alquimia", § 1-45.

Parte 3, "As ideias de salvação na alquimia", cap. 1, "Os conceitos básicos da alquimia", § 332-341., cap. 2, "A natureza psíquica da obra alquímica", § 342-400, cap. 3, "A obra", § 401-424, cap. 4, "A materia prima", § 425-446.

Para aprofundar

Parte 3, "As ideias de salvação na alquimia", cap. 5, "O paralelo *lapis*-Cristo", § 447-515 cap. 6, "O simbolismo alquímico no contexto da história das religiões", § 516-554.

Parte 2, "Símbolos oníricos do processo de individuação", § 44-331.

Fontes secundárias

JUNG, C.G. *Dream Analysis*: Notes of the Seminar Given in 1928-1930. Princeton: Princeton University Press, 1984.

EDINGER, E. *The Anatomy of the Psyche*: Alchemical Symbolism in Psychotherapy. La Salle: Open Court, 1985 [*Anatomia da Psique*: O simbolismo alquímico na psicoterapia. São Paulo: Cultrix, 1990].

VON FRANZ, M.-L. *Alchemy*: Introduction to the Symbolism and the Psychology. Toronto: Inner City Books, 1980 [*Alquimia*: Introdução ao simbolismo e à psicologia. São Paulo: Cultrix, 1985].

_____. *Alchemical Active Imagination*. Dallas: Spring, 1979 [Boston: Shambhala, 1997 – *Alquimia e a imaginação ativa*. São Paulo: Cultrix, 1992].

38

Mysterium Coniunctionis

Assim como em *Psicologia e alquimia*, certas partes dessa obra, o volume 14 da *Obra Completa*, são menos abstrusas do que outras, já que, como de costume, Jung vai direto ao grosso das coisas. A intenção geral desse livro, o último trabalho publicado de Jung, era examinar em profundidade o problema central da alquimia, a saber, a união de opostos a partir da qual, imaginavam os alquimistas, manifestar-se-ia a meta do procedimento alquímico, uma meta descrita de diversas maneiras de modo tipicamente alquímico como o ouro, o *lapis*, o *hierosgamos*, o casamento incestuoso sagrado e por aí vai. Consequentemente, Jung examina várias imagens da literatura alquímica que descreve os vários opostos a serem unidos, conjuntos de opostos que os alquimistas personificavam sobretudo como pares de masculino e feminino. Três desses pares de masculino e feminino dentro da alquimia – *Sol* e *Luna* (Sol e Lua), *Rex* e *Regina* (Rei e Rainha) e Adão e Eva – são o foco principal do estudo de Jung.

Como a alquimia é em sua maior parte uma ocupação dos homens, muito do material se concentra na parte masculina desses pares de opostos, especialmente em *Rex* (que é explicado por meio de um poema alquímico de George Ripley) e Adão (que é discutido em sua relação com a literatura mística judaica). A única exceção é a extensa seção sobre *Luna*, que é evocativa e seminal para os escritores junguianos que mais recentemente escreveram sobre feminilidade. Após o estudo dos membros desse pares opositivos individualmente, Jung passa para o estudo das imagens e dos símbolos que se referem ao próprio *mysterium coniunctionis*, o mistério da união, a como ele é produzido e ao que parece ser seu significado espiritual e psicológico.

Embora o livro seja um excelente exemplo do método de amplificação simbólica, a tarefa de lê-lo torna-se intimidante pelas referências açambarcadoras de Jung à mitologia, às lendas folclóricas, à teologia cristã e à filosofia medieval. Do mesmo modo, a qualidade evasiva do simbolismo dentro da alquimia não torna a leitura desse material nada mais fácil (por exemplo, a discussão sobre *Luna* leva a uma discussão simbólica sobre o sal, o Mar Vermelho, imagens de cães, a prata líquida e o simbolismo dos números), e, novamente, o aparato acadêmico necessário para documentar e traduzir o latim e o grego desses textos antigos proporciona mais um obstáculo à leitura fácil. Quando Jung se concentra em textos específicos, como o que trata do Enigma Bolognese, na parte 2, ou na *Cantilena* de Ripley, na parte 4, as discussões tomam um caráter mais lógico e menos amplificador, pois estão ancoradas a um texto ou a uma questão específicos. A prosa de *Mysterium Coniunctionis* vai e volta, consequentemente, atingindo nós cegos de densidade de imagens, que, depois, resolvem-se em exposições mais lúcidas e fluidas do simbolismo psicológico e alquímico. O desafio ao ler esse tipo de livro é seguir a linha da amplificação simbólica, para ver como uma imagem está relacionada à seguinte, desenvolvendo-se, mudando, avançando, e ainda sendo consistentemente a mesma e estando consistentemente interconectada em seu âmago.

Novamente, as leituras sugeridas aqui estão organizadas para que aquelas partes que são mais claras e de fácil leitura venham em primeiro lugar, seguidas pelas mais densas ou difíceis. No caso de *Mysterium Coniunctionis*, a personificação dos opostos, conforme apresentadas da parte 3 à parte 5, permite uma exposição mais clara e fundamentada dos conceitos alquímicos e proporciona um melhor apoio para as duas primeiras partes, que são um pouco abrangentes, sem imagens de referência. A discussão de Jung sobre o Enigma Bolognese, uma inscrição medieval numa pedra, é intensa e útil em fornecer ao leitor uma noção do lugar da projeção nas interpretações alquímicas. Uma vez que tenhamos conhecido esses opostos, e eles tenham se tornado "familiares" a nós, então, a última parte do livro, sobre a união deles, ou a *coniunctio*, faz mais sentido. A transcrição de uma palestra de Edward Edinger é um guia único e muito útil para esse texto denso e fascinante, e é altamente recomendado como um método para abordar essa obra.

Para começar

Parte 1, "Os componentes da *coniunctio* (união)", cap. 1, "Os opostos", OC 14/1, § 1-4

Parte 3, "A personificação dos opostos", OC 14/1, § 101-340.

Parte 4, "*Rex* e *Regina*", OC 14/2, § 1-208.

Parte 5, "Adão e Eva", OC 14/2, § 209-319.

Parte 2, "Os *paradoxa*", OC 14/1, cap. 3, "O Enigma Bolognese", § 46-100

Para aprofundar

Parte 1, "Os componentes da *coniunctio* (união)", cap. 2, "O quatérnio (grupo de quatro)", cap. 3, "O órfão e a viúva", e cap. 4, "Alquimia e maniqueísmo", OC 14/1, § 4-34.

Parte 2, "Os *paradoxa*", cap. 1, "A substância do arcano e o ponto", e cap. 2, "A *scintilla* (centelha)", OC 14/1, § 35-45.

Parte 6, "A conjunção", OC 14/2, § 320-444.

Posfácio, OC 14/2, § 445-447.

Fontes secundárias

EDINGER, E.F. *The Mysterium Lectures*: A Journey through C.G. Jung's Mysterium Coniunctionis. Toronto: Inner City Books, 1995.

39

"Estudos alquímicos"

O volume 13 da *Obra Completa* reúne cinco estudos sobre temas alquímicos. Ocupando posição intermediária dentre os três volumes da *Obra Completa* sobre alquimia, *Estudos alquímicos* é, em geral, mais compreensível do que *Mysterium Coniunctionis* e *Psicologia e alquimia* devido ao foco específico de cada uma das obras. Sem ter lido as outras duas, volumes mais extensos sobre alquimia, entretanto, essas discussões podem parecer sem contexto e, portanto, serem entendidas superficialmente. Com isso, é aconselhável que o leitor faça o difícil, mas importante, trabalho de ler *Mysterium Coniunctionis* e *Psicologia e alquimia* primeiro, antes de se embrenhar nesses ensaios mais específicos.

Embora esses cinco ensaios de fato tratem do tema da alquimia, o primeiro, *Comentário a "O segredo da flor de ouro"*, tem a ver com um texto alquímico chinês; os outros quatro permanecem dentro do campo principal de especialidade de Jung, a tradição alquímica ocidental. Além disso, por motivos óbvios, deve-se ler a tradução de Wilhelm desse texto chinês [ou a tradução para o português de Mokusen Miyuki da tradução para o alemão de Wilhelm] antes de passar para o comentário de Jung. Desses cinco ensaios, portanto, eu sugiro que se deixe o primeiro para o fim, já que ele proporciona um excelente contraponto à enorme massa de trabalho de Jung sobre o pensamento alquímico ocidental e é uma das explicações mais claras e importantes de Jung sobre a relação entre a espiritualidade oriental e a psicologia ocidental.

Dos quatro ensaios restantes, dois consistem, em grande parte, de estudos de textos específicos, *As visões de Zósimo* e *De vita longa* (Sobre a vida longa), do alquimista suíço Paracelso, e dois se concentram em símbolos alquímicos particularmente importantes, *Mercurius* e a árvore filosófica. Os ensaios sobre Zósimo e Paracelso serão animadoramente lúcidos para aqueles leitores que estudaram os trabalhos mais longos de Jung sobre alquimia e vão instruir esses leitores com uma visão mais profunda e detalhada de sistemas específicos de simbolismo alquímico. Tanto Zósimo, nos relatos de suas visões, quanto Paracelso, em seus escritos, usam muitas imagens comuns ao pensamento alquímico, mas fornecem variações idiossincráticas e, às vezes, esclarecedoras dos sistemas alquímicos padrão.

Com *O espírito Mercurius* e *A árvore filosófica*, Jung repete a técnica que usou em *Psicologia e alquimia*, iniciando esses dois estudos com material não alquímico – uma lenda folclórica sobre *Mercurius* e registros de casos relacionados a árvores, respectivamente – para introduzir o material alquímico que se segue. No caso de *O espírito Mercurius*, essa técnica tem amplo êxito porque a lenda folclórica e a interpretação que Jung faz dela são curtas e diretas. Entretanto, a série clínica de imagens de árvores em *A árvore filosófica* pode ter o mesmo efeito que a extensa série de sonhos em *Psicologia e alquimia*: jogar o leitor inadvertido de cabeça num excesso de símbolos de árvores sem orientação cognitiva suficiente. Para aqueles que leram a maior parte do trabalho de Jung sobre alquimia, esse ensaio pode ser lido conforme foi escrito, mas, para leitores que não estão familiarizados com as imagens da alquimia, eu dou um conselho parecido: deve-se ler a segunda parte de *A árvore filosófica* primeiro e deixar o material clínico por último, quando a intenção de Jung se torna clara e o leitor está mais familiarizado com o simbolismo em questão.

Como tanto o texto chinês quanto o texto de Paracelso se dedicam à questão da vida longa, esses ensaios, em certo sentido, apoiam a argumentação de Jung que a alquimia não estava exclusivamente preocupada com a *ars aurifera*, a mera produção de ouro, mas com questões de urgência espiritual e psicológica. Nesse contexto, o estudo de Jung sobre *Mercurius*, uma das mais permanentes e centrais entidades simbólicas de todos os setecentos anos de história e desenvolvimento do pensamento alquímico, esclarece toda a complexidade do projeto alquímico e sua relação com a dominância dogmática cristã. Esses ensaios, portanto, representam importantes contribuições ao corpo de trabalho de Jung sobre a relevância psicológica e espiritual do simbolismo alquímico.

Para começar

"As visões de Zósimo", OC 13, § 85-144.

"Paracelso, um fenômeno espiritual", OC 13, prefácio e § 145-238.

"O espírito *Mercurius*", OC 13, § 239-303.

"A árvore filosófica", OC 13, § 304-482.

Para aprofundar

"Comentário a *O segredo da flor de ouro*", OC 13, prefácio e § 1-84.

Obras relacionadas

"Paracelso", OC 15, § 1-17.

"Paracelso, o médico", OC 15, § 18-43.

"Em memória de Richard Wilhelm", OC 15, § 74-96.

Fontes secundárias

A doutrina da flor de ouro – Com texto integral do clássico taoista "O segredo da flor de ouro". Tradução de Mokusen Miyuki. São Paulo: Pensamento, 1995.

JUNG, C.G. *O segredo da flor de ouro*: Um livro de vida chinês. Petrópolis: Vozes, 1971.

40

"Aion"

Aion é o segundo de um par de livros dedicados a arquétipos específicos. Ao contrário do volume 9, parte 1, que examina um número de diferentes arquétipos, o objetivo único de *Aion* é o arquétipo do Si-mesmo. O título vem da palavra grega para éon ou era, e, como Jung explica no prefácio, a intenção é fazer uma referência à era do cristianismo e ao desenvolvimento psíquico coletivo que o simbolismo cristão representa. Jung examina o simbolismo cristão, especialmente Cristo e o símbolo do peixe tão intimamente associado a Cristo, como forma de obter uma visão mais clara do que ele chama de Si-mesmo, a imagem de Deus dentro da alma, o arquétipo de totalidade e realização.

Para os leitores familiarizados com os escritos de Jung, por conseguinte, a primeira parte do livro vai apresentar poucas dificuldades. Jung apresenta de forma breve seus conceitos de eu, sombra e *anima/animus*. Esse último par é chamado aqui de sizígia, um termo astronômico e astrológico para uma conjunção de planetas. Jung normalmente aplicava esse termo a *anima/animus* para indicar a união de opostos que esses arquétipos intrapsíquicos e contrassexuais representa para o indivíduo, como uma *coniunctio* no processo de individuação levaria a pessoa a uma conexão mais consciente com a própria totalidade, o Si-mesmo. Jung, então, parte para examinar o Si-mesmo, o arquétipo que está por trás do simbolismo de Deus da religião, e como a figura de Cristo é um símbolo de Si-mesmo dentro do cristianismo. Nessas seções, o que aparece mais claramente e em maiores detalhes é a insatisfação de Jung com o modo com que o cristianismo dogmático, desde cedo, rejeitou a realidade do mal no mundo, definindo o mal como a ausência do bem (*privatio boni*), em vez de entender que mal e bem são forças coiguais na experiência psicológica. Com isso, o símbolo de Cristo dentro do cristianismo é dividido em um par Cristo/Anticristo, uma situação que, sob um ponto de vista psicológico, representa uma resolução insatisfatória do problema da totalidade como uma união de opostos. Consequentemente, o que foi sugerido ou apenas brevemente mencionado nos outros escritos de Jung sobre cristianismo é plenamente desenvolvido aqui: Jung acreditava que o simbolismo do cristianismo não faz justiça total às forças psicológicas reais de dentro da alma e, com isso, não proporciona um caminho praticável para a totalidade psicológica, a não ser que seja complementado por um reconhecimento mais pleno da presença do mal na alma e no mundo.

A leitura se torna mais difícil quando Jung examina o simbolismo dos peixes como um símbolo de Cristo, abrindo caminho por entre escritos astrológicos sobre o peixe nos capítulos 6 e 7, e por entre escritos pagãos e religiosos comparativos sobre o símbolo do peixe nos capítulos 8 e 9, com a intenção de esclarecer de que modo o peixe é símbolo da dualidade luz/escuridão inerente à concepção cristã de Cristo como símbolo da totalidade. Os capítulos 10 e 11 detalham a natureza do símbolo do peixe dentro dos escritos alquímicos, resumidos no excelente e de fácil leitura capítulo 12: "Considerações gerais sobre a psicologia do simbolismo alquímico-cristão". Como essas discussões são, na verdade, amplificações do simbolismo do peixe, Jung se vale de tudo que pode, tomando símbolos relacionados ao peixe em vários aspectos: a água-viva e sua luminosidade esférica, a ideia das rêmoras como ímãs, a relação entre serpente e peixe, o Behemoth e o Leviatã da tradição judaica, e várias concepções do signo zodiacal Peixes e seu lugar dentro dos sistemas de crença astrológicos.

Então, Jung usa a "ambivalência do símbolo do peixe" para investigar mais, e com mais profundidade, os escritos do gnosticismo, cuja relação com a teologia cristã rende muitos fatos psicológicos importantes, mas ignorados, sobre a experiência e o simbolismo de Cristo como o Si-mesmo. As concepções gnósticas de mal e de matéria formam um contraste marcado com a superespiritualização tão característica do cristianismo ortodoxo, e, por essa razão, Jung analisa em grandes detalhes várias crenças e símbolos gnósticos para complementar as formulações cristãs ortodoxas que ele considera tão insatisfatórias. Infelizmente para o leitor não iniciado, o gnosticismo não é nem mais fácil nem mais organizado do que o corpo de estudos alquímicos, e Jung traz pouca estrutura ou organização a essa discussão, já que a intenção dele é encontrar paralelos simbólicos, não sistematizar nem teorizar.

O último capítulo do livro, "Estrutura e dinâmica do Si-mesmo", busca uma síntese da massa precedente de simbolismo e sugere um modelo estrutural do Si-mesmo, semelhante a um cristal de oito faces. A intenção de Jung aqui é descobrir um meio de organizar as partes da personalidade, simbolizados pelos vários símbolos ou figuras míticas, em uma estrutura que relacione todas elas, umas com as outras, embora permanecendo fiel à tensão dos opostos inerentes aos vários pares. Assim, esse cristal, construído sobre um quadrado no qual os quatro pares se mantêm em relação complementar uns com os outros, atinge, em seu extremo superior, um ponto de unidade consciente e, no inferior, um ponto de totalidade inconsciente. Outras figuras simbólicas representando totalidade, como o círculo circunscrito ao quadrado, o paralelogramo e outras estruturas cristalinas, também são examinadas. Tenha ou não executado a tarefa com êxito, Jung tinha a intenção de esquematizar e organizar o material que, como o leitor indubitavelmente percebeu, muda, move-se e meneia com todo o caráter escorregadio do próprio peixe. Obviamente, esses modelos não são para serem tomados como nada além disso: modelos para nos ajudar a compreender como certos aspectos da nossa vida simbólica interior pode se relacionar com todas as outras.

Como os escritos alquímicos, é mais proveitoso ler esse livro aos poucos. Entretanto, diferentemente de muitos dos escritos alquímicos de Jung, *Aion* tem um foco consistente – a ligação entre o Si-mesmo, Cristo e o simbolismo do peixe – e é organizado de uma forma que não é inicialmente repelente. A riqueza das imagens e o academicismo opressivo, entretanto, tornam o livro mais um objeto de estudo constante do que uma simples leitura expositiva. Sua importância na *Obra Completa* não pode ser suficientemente enfatizada, já que contém o mais extenso relatório das ideias e dificuldades de Jung com o simbolismo cristão a partir de um ponto de vista psicológico.

Continuando sua publicação de uma série de palestras e seminários dados por Edinger, a Inner City Books lançou mais um guia único para leitores que desejam ter acesso às conquistas mais avançadas da psicologia de Jung.

Fontes secundárias

EDINGER, E.F. *The Aion Lectures*: Exploring the Self in C.C. Jung's Aion. Toronto: Inner City Books, 1996.

Referências

Obra Completa de C.G. Jung

1 *Estudos psiquiátricos*

Sobre a psicologia e patologia dos fenômenos chamados ocultos

Erros histéricos de leitura

Criptomnésia

Distimia maníaca

Um caso de estupor histérico em pessoa condenada à prisão

Sobre a simulação de distúrbio mental

Parecer médico sobre um caso de simulação de distúrbio mental

Um terceiro e conclusivo parecer sobre dois pareceres psiquiátricos contraditórios

Sobre o diagnóstico psicológico de fatos

2 *Estudos experimentais*

Estudos diagnósticos de associações

Investigações experimentais sobre associações de pessoas sadias (em coautoria com Franz Riklin)

Análise das associações de um epilético

O tempo de reação no experimento de associações

Observações experimentais sobre a faculdade da memória

Psicanálise e o experimento de associações

O diagnóstico psicológico da ocorrência

Associação, sonho e sintoma histérico

A importância psicopatológica do experimento de associações

Distúrbios de reprodução no experimento de associações

O método das associações

A constelação familiar

Pesquisas psicofísicas

Sobre os epifenômenos psicofísicos no experimento de associações

Investigações psicofísicas com o galvanômetro e o pneumógrafo em pessoas normais e doentes mentais (em coautoria com Frederick Peterson)

Pesquisas adicionais sobre o fenômeno galvânico, pneumográfico e a respiração em pessoas normais e doentes mentais (em coautoria com Charles Ricksher)

Apêndice:

Dados estatísticos de um recrutamento

Novos aspectos da psicologia criminal

Os métodos psicológicos de pesquisa utilizados na clínica psiquiátrica de Zurique

Exposição sumária da teoria dos complexos

Sobre o diagnóstico psicológico da ocorrência

3 *Psicogênese das doenças mentais*

A psicologia da *dementia praecox*: um ensaio

O conteúdo da psicose

A interpretação psicológica dos processos patológicos

Crítica a E. Bleuler: Sobre a teoria do negativismo esquizofrênico

A importância do inconsciente na psicopatologia

O problema da psicogênese nas doenças mentais

Doença mental e psique

A psicogênese da esquizofrenia

Novas considerações sobre a esquizofrenia

A esquizofrenia

4 *Freud e a psicanálise*

A teoria de Freud sobre a histeria: Resposta à crítica de Aschaffenburg

A teoria freudiana da histeria

A análise dos sonhos

Contribuição à psicologia do boato

Contribuição ao conhecimento dos sonhos com números

Morton Prince M. D. "The Mechanism and Interpretation of Dreams". Resenha crítica

A respeito da crítica à psicanálise

A respeito da psicanálise

Tentativa de apresentação da teoria psicanalítica

Aspectos gerais da psicanálise

Sobre a psicanálise

Questões atuais da psicoterapia: Correspondência entre C.G. Jung e R. Löy

Prefácios a "Collected Papers on Analytical Psychology"

A importância do pai no destino do indivíduo

Introdução a *A psicanálise*, de W. M. Kranefeldt

A divergência entre Freud e Jung

5 *Símbolos da transformação*

Parte 1

Introdução

As duas formas de pensamento

Preâmbulo

O hino ao Criador

O canto da mariposa

Parte II

Introdução

Sobre o conceito de libido

A transformação da libido

O nascimento do herói

Símbolos da mãe e do renascimento

A luta pela libertação da mãe

A dupla mãe

O sacrifício

Epílogo

Apêndice

6 *Tipos psicológicos*

Introdução

O problema dos tipos na história do pensamento antigo e medieval

As ideias de Schiller sobre o problema dos tipos

O apolíneo e o dionisíaco

O problema dos tipos no conhecimento das pessoas

O problema dos tipos na arte poética Prometeu e Epimeteu, de Carl Spitteler

O problema dos tipos na psicopatologia

O problema das atitudes típicas na estética

O problema dos tipos na filosofia moderna

O problema dos tipos na biografia

Descrição geral dos tipos

Definições

Epílogo

Anexos (quatro artigos sobre tipologia psicológica de 1913, 1925, 1931 e 1936)

7 Dois escritos sobre psicologia analítica

   7/1 *Psicologia do inconsciente*

   7/2 *O eu e o inconsciente*

     Apêndices

       Novos caminhos da psicologia

       A estrutura do inconsciente

8 A dinâmica do inconsciente

   8/1 *A energia psíquica*

8/2 *A natureza da psique*

A função transcendente

Considerações gerais sobre a teoria dos complexos

O significado da constituição e da herança para a psicologia

Determinantes psicológicas do comportamento humano

Instinto e inconsciente

A estrutura da alma

Considerações teóricas sobre a natureza do psíquico

Aspectos gerais da psicologia do sonho

A essência dos sonhos

Os fundamentos psicológicos da crença nos espíritos

Espírito e vida

O problema fundamental da psicologia contemporânea

Psicologia analítica e cosmovisão

O real e o supra-real

As etapas da vida humana

A alma e a morte

8/3 *Sincronicidade*

Sincronicidade: Um princípio de conexões acausais

Apêndice: A Sincronicidade

9/1 *Os arquétipos e o inconsciente coletivo*

Sobre os arquétipos do inconsciente coletivo

O conceito de inconsciente coletivo

O arquétipo com referência especial ao conceito de *anima*

Aspectos psicológicos do arquétipo materno

Sobre o renascimento

A psicologia do arquétipo da criança

Aspectos psicológicos da *Core*

A fenomenologia do espírito no conto de fadas

Psicologia da figura do *Trickster*

Consciência, inconsciente e individuação

Estudo empírico do processo de individuação

O simbolismo do mandala

Anexo: Mandalas

9/2 *Aion – Estudos sobre o simbolismo do si-mesmo*

O eu

A sombra

Sizígia: *anima* e *animus*

O si-mesmo

Cristo, símbolo do si-mesmo

O signo de peixes

Profecias de Nostradamus

Sobre a significação histórica do peixe

A ambivalência do símbolo de peixes

O peixe na alquimia

A interpretação do peixe na alquimia

Considerações gerais sobre a Psicologia do simbolismo alquímico-cristão

Símbolos gnósticos do si-mesmo

Estrutura e dinâmica do si-mesmo

Palavras finais

10 Civilização em mudança

10/1 *Presente e futuro*

10/2 *Aspectos do drama contemporâneo*

Prefácio a "Ensaios sobre história contemporânea"

Wotan

Depois da catástrofe

A luta com as sombras

Posfácio a "Ensaios sobre história contemporânea"

O significado da linha suíça no espectro europeu

A aurora de um novo mundo

Um livro novo de Keyserling "A revolução mundial e a responsabilidade do espírito"

10/3 *Civilização em transição*

Sobre o inconsciente

Alma e terra

O homem arcaico

O problema psíquico do homem moderno

O problema amoroso do estudante

A mulher na Europa

A importância da psicologia para a época atual

A situação atual da psicoterapia

A consciência na visão psicológica

O bem e o mal na psicologia analítica

Prólogo aos "Estudos sobre a psicologia de C.G. Jung", de Toni Wolff

As complicações da psicologia americana

A Índia – um mundo de sonhos

O que a Índia pode nos ensinar

10/4 *Um mito moderno sobre coisas vistas no céu*

11 Psicologia da religião ocidental e oriental

Parte I

11/1 *Psicologia e religião* (Terry Lectures)

11/2 *Interpretação psicológica do Dogma da Trindade*

11/3 *O símbolo da transformação na missa*

11/4 *Resposta a Jó*

Parte II

11/5 *Psicologia e religião oriental*

Comentário psicológico sobre o livro tibetano da grande libertação

Comentário psicológico ao Bardo Thödol (o livro tibetano dos mortos)

A ioga e o Ocidente

Prefácio à obra de Suzuki: A grande libertação

Considerações em torno da psicologia da meditação oriental

O santo hindu (introdução à obra de H. Zimmer: O caminho que leva ao si-mesmo)

Prefácio ao *I Ching*

11/6 *Escritos diversos* (vols. 10 e 11)]

Prefácio ao livro de V. White: Deus e o inconsciente

Prefácio ao livro de Werblowksy: Lúcifer e Prometeu

Bruder Klaus

Relações entre a psicoterapia e a direção espiritual

Psicanálise e direção espiritual

12 *Psicologia e alquimia*

Prefácio dos editores

Introdução à problemática da psicologia religiosa da alquimia

Símbolos oníricos do processo de individuação

As ideias de salvação na alquimia

Epílogo

13 *Estudos alquímicos*

Comentário a *O segredo da flor de ouro*

As visões de Zósimo

Paracelso, um fenômeno espiritual

O espírito *Mercurius*

A árvore filosófica

14/1 *Mysterium Coniunctionis*

Os componentes da *coniunctio* (união)

Os *paradoxa*

As personificações dos opostos

14/2 *Mysterium Coniunctionis*

Rex e *Regina*

Adão e Eva

A conjunção

Posfácio

14/3 *Mysterium Coniunctionis*

Classificação do texto

Aurora consurgens/O texto

Comentário

Será Tomás de Aquino o autor de Aurora consurgens?

15 *O espírito na arte e na ciência*

Paracelso

Paracelso, o médico

Sigmund Freud, um fenômeno histórico-cultural

Sigmund Freud

Em memória de Richard Wilhelm

Relação da psicologia analítica com a obra de arte poética

Psicologia e poesia

Ulisses, um monólogo

Picasso

16 Psicoterapia

16/1 *A prática da psicoterapia*

Princípios básicos da prática da psicoterapia

O que é psicoterapia?

Alguns aspectos da psicoterapia moderna

Os objetivos da psicoterapia

Os problemas da psicoterapia moderna

Psicoterapia e visão de mundo

Medicina e psicoterapia

Psicoterapia e atualidade

Questões básicas da psicoterapia

16/2 *Ab-reação, análise dos sonhos e transferência*

O valor terapêutico da ab-reação

A aplicação prática da análise dos sonhos

A psicologia da transferência

Palavras finais

17 *Desenvolvimento da personalidade*

Sobre os conflitos da alma infantil

Introdução à obra de Frances G. Wickes: "Análise da alma infantil"

A importância da psicologia analítica para a educação

Psicologia analítica e educação

O bem-dotado

A importância do inconsciente para a educação individual

Da formação da personalidade

O casamento como relacionamento psíquico

18/1 e 18/2 *A vida simbólica*

Miscelânea de escritos, incluindo prefácios, epílogos, críticas, cartas, discursos e suplementos ocasionais aos volumes 1-17.

19 *Bibliografia completa*

Os escritos publicados de C.G. Jung incluindo traduções

A Obra Completa

Os seminários de C.G. Jung

20 *Índices gerais*

Índice analítico

Índice onomástico

REFLEXÕES JUNGUIANAS

Corpo e individuação
Elisabeth Zimmermann (org.)

As emoções no processo psicoterapêutico
Rafael López-Pedraza

O feminino nos contos de fadas
Marie-Louise von Franz

Introdução à psicologia de C.G. Jung
Wolfgang Roth

O irmão – Psicologia do arquétipo fraterno
Gustavo Barcellos

A mitopoese da psique – Mito e individuação
Walter Boechat

Paranoia
James Hillmann

Puer-senex – Dinâmicas relacionais
Dulcinéa da Mata Ribeiro Monteiro (org.)

Re-vendo a psicologia
James Hillmann

Suicídio e alma
James Hillmann

Sobre eros e psique
Rafael López-Pedraza

Sonhos – A linguagem enigmática do inconsciente
Verena Kast

Viver a vida não vivida
Robert A. Johnson, Jerry M. Ruhl

Conecte-se conosco:

f facebook.com/editoravozes

◉ @editoravozes

𝕏 @editora_vozes

▶ youtube.com/editoravozes

⓿ +55 24 2233-9033

www.vozes.com.br

Conheça nossas lojas:
www.livrariavozes.com.br

Belo Horizonte – Brasília – Campinas – Cuiabá – Curitiba
Fortaleza – Juiz de Fora – Petrópolis – Recife – São Paulo

EDITORA VOZES LTDA.
Rua Frei Luís, 100 – Centro – Cep 25689-900 – Petrópolis, RJ
Tel.: (24) 2233-9000 – E-mail: vendas@vozes.com.br